Henning Lindhof

Für Kinder Geld anlegen

Henning Lindhoff

Für Kinder Geld anlegen

Wie Sie Kinder mit minimalem Aufwand absichern

FBV

Bibliografische Information der Deutschen Nationalbibliothek
Die Deutsche Nationalbibliothek verzeichnet diese Publikation in der Deutschen Nationalbibliografie.
Detaillierte bibliografische Daten sind im Internet über http://dnb.d-nb.de abrufbar.

Für Fragen und Anregungen:
info@finanzbuchverlag.de

1. Auflage 2016

Nymphenburger Straße 86
D-80636 München
Tel.: 089 651285-0
Fax: 089 652096

Redaktion: Judith Engst, Georg Hodolitsch
Korrektorat: Hella Neukötter
Umschlaggestaltung: Melanie Melzer
Umschlagabbildung: iStock, Copyright by deucee_
Satz: inpunkt[w]o, Haiger
Druck: GGP Media GmbH, Pößneck
Printed in Germany

ISBN Print 978-3-89879-949-2
ISBN E-Book (PDF) 978-3-86248-849-0
ISBN E-Book (EPUB, Mobi) 978-3-86248-850-6

Weitere Informationen zum Verlag finden Sie unter
www.finanzbuchverlag.de

Für meine Söhne

Inhalt

01

Warum Sie dieses Buch lesen sollten

Machen Sie es sich einfach! Ich werde Ihnen in diesem Buch zeigen, wie kinderleicht die finanzielle Vorsorge für den Nachwuchs sein kann. Auch wenn das Sparbuch längst keine Option für eine sinnvolle Vorsorge für den Nachwuchs ist, so muss es auf keinen Fall viel komplizierter sein.

Ich werde Ihnen das Fundament bauen. Das Fundament, auf dem Sie mit den besten Werkzeugen ein solides finanzielles Polster für Ihren Nachwuchs erwirtschaften können. Ich werde Sie an die Hand nehmen. Ich werde Ihnen Schritt für den Schritt den Weg offenbaren. Ich werde Ihnen zeigen, wie Sie mit minimalem Aufwand effektiv für Ihre Kinder vorsorgen können.

Sind Sie bereit?

Dann los!

Warum wir für Kinder Geld anlegen neu lernen müssen

Wir Menschen denken in absoluten Zahlen. Das ist leichtfertig. Denn eins ist nicht immer eins. Ein Zehn-Euro-Schein ist anno 2016 nicht mehr so viel wert wie noch im Jahr 2002. Ein Sparguthaben von 8.000 Euro, das mit 0,5 Prozent per anno verzinst wird, schrumpft bei einer Inflation von 3 Prozent in einem Jahr um die Kaufkraft von fast 200 Euro. Zwar sehen Sie am Ende des Jahres 8.040 Euro auf dem Kontoauszug. Doch von diesem Geld können Sie weitaus weniger kaufen als noch zwölf Monate zuvor.

Gerade aufgrund der Geldpolitik der Zentralbanken seit dem Zusammenbruch der Investmentbank Lehman Brothers ist damit zu rechnen, dass die Inflationsraten deutlich ansteigen werden. Momentan ist davon nur in einigen wenigen Branchen etwas zu spüren. Doch es ist nur eine Frage der Zeit, bis die Geldfluten auch die Realwirtschaft treffen werden. Dann wird das Geld unter Ihrer Matratze und auf Ihrem lächerlich verzinsten Sparbuch kaum noch etwas wert sein. Früher mag das eine gute Lösung gewesen sein, dem Nachwuchs einfach ein Sparbuch mit Startgutgaben zu schenken und am Weltspartag immer wieder den Inhalt des Sparschweins einzuzahlen. Heute ist es das nicht mehr.

Was also tun?

Ganz einfach: Denken Sie auch einmal an Aktien. Denn trotz aller Krisen, die die Aktienmärkte immer wieder durchrütteln, spricht viel dafür, das Geld nicht wie tot liegen zu lassen, sondern es in Wertpapiere zu investieren. Wertpapiere sind Sachvermögen. Sie dokumentieren einen Eigentumstitel. Wer eine Aktie hält, nennt einen Anteil an einem realen Unternehmen sein Eigen. Ein solcher Sachwert ist heute viel wert und morgen, wenn die Inflation sich Bahn gebrochen hat, gar unbezahlbar. Zudem können heute an den Börsen sehr ordentliche reale Renditen erzielt werden – mit Einzelaktien genauso wie mit aktiv und passiv gemanagten Fonds. Das gilt erst recht, wenn Sie mit einem weiten Anlagehorizont an die Sache herangehen. Aktien und Fondsanteile sind also eine wichtige Säule für eine ebenso effektive wie effiziente Anlagestrategie für Kinder. In den noch folgenden Kapiteln werden beide eine Hauptrolle einnehmen. Und ich werde Ihnen zeigen, wie Sie das einfach und unkompliziert in wenigen Schritten umsetzen können.

Für Kinder Geld anlegen – Bitte ohne »heiße Tipps«

Na gut. Das Geld auf dem Sparbuch bringt die Menschen nicht weiter, wenn sie eine vernünftige Rendite erzielen wollen. Einige haben dies auch schon eingesehen und sind an den Aktienmärkten engagiert. Aber hier findet die Reihe der fatalen Illusionen noch lange kein Ende. Sie fängt gerade erst an.

Denn die allermeisten Anleger vertrauen auf Prognosen und Anlagetipps, die sie in Magazinen und in der Tagespresse aufschnappen, ohne sie auch nur ansatzweise auf Plausibilität zu überprüfen. Die grundlegenden Fundamente dieser Prognosen, die konkreten Zahlen würdigen sie nicht.

Das Studium der Presse und das ewige Beobachten der Marktentwicklungen kostet Sie letztendlich nur Zeit und Kraft. Grundlagenliteratur zur Funktionsweise der Börsen und zu den einzelnen Anlageklassen ist selbstverständlich elementar. Aber jeden Tag aufs Neue das Auf und Ab der Aktien im eigenen Portfolio und in Internetforen über die neuesten angesagten Aktien zu lesen und zu debattieren bringt Sie nicht weiter. Es wird Sie langfristig immer sehr viel Geld kosten. Die Wertpapiermärkte sind heutzutage so komplex geworden, dass Sie als Privatanleger kaum auf dem neuesten Stand bleiben können. Sie werden der Entwicklung immer, wirklich immer, hinterherhinken. Allein der Forex-Markt, auf dem die unterschiedlichen Währungen gehandelt werden und der mit einem Tagesumsatz von rund 5,3 Billionen(!) US-Dollar den größten Finanzmarkt darstellt, ist nahezu 24 Stunden am Tag geöffnet. Wollen Sie dort Erfolge als Spekulant einfahren, müssen Sie rund um die Uhr präsent sein. Denn die Rechner im Hochfrequenzhandel schlafen nie. Können Sie das? Und falls ja: Wollen Sie das?

Täglich die Zeitung zu lesen ist natürlich nicht gesundheitsgefährdend, aber Sie sollten den Meldungen und Berichten der Presse mit einer gesunden Portion Skepsis begegnen. Zeitungen und Zeitschriften sind keinesfalls die unvoreingenommene Nachrichtenquelle, als die sie von vielen immer noch verehrt werden. Auch die Journalisten der angesehensten Medienhäuser sind nicht davor gefeit, Falschinformationen aufzusitzen oder fehlerhaft zu recherchieren.

Eine ganz besonders perfide Variante begegnen Ihnen an allen Ecken: »Machen Sie 16 Prozent Rendite in drei Monaten!« Versprechungen dieser Art werden Sie andauernd lesen. Der Geld-Boulevard wird an Ihre Eitelkeit, an Ihre Gier und an Ihre Angst appellieren, um Sie unentwegt zum Kauf neuer, ausgeklügelter Finanzprodukte zu animieren. Befrachtet mit horrenden Nebenkosten und vielen leeren Versprechungen beinhalten diese oft unsichtbare Vertriebsprovisionen und Kommissionen, die den Gutgläubigen unter den Privatanlegern im Laufe der Zeit viel Geld aus den Taschen ziehen. Und genauso wie die neueste Abnehmpille verspricht, den Schweiß auf der Hantelbank zu verhindern, verspricht der neueste Newsletter von Mr. Boom, die Trauer über kurzzeitige Verluste zu verhindern.

Doch seien Sie gewiss. 90 Prozent aller Renditeprognosen, Kauf- und Verkauftipps, Anlagegeheimnisse und Portfolio-Booster, die jeden Tag aufs Neue in Zeitungen, Zeitschriften, im Fernsehen und vor allem im Internet die Runde machen, sind reiner Mist. Es sind schädliche Informationshäppchen, die Ihnen langfristig viel Energie und Motivation rauben. Amateure mischen dabei genauso mit wie gewiefte und erfahrene Profis. Geben Sie acht! Ignorieren Sie das Geschrei und den Datenlärm. Verfallen Sie nicht in eine gefährliche Euphorie über aktuelle Zahlen und Analysen. Es sind stets nur Momentaufnahmen. Pure Science-Fiction!

Typischerweise werden hier die Risiken der Wertpapieranlage heruntergespielt oder gar verschwiegen. Gerne werden in den Werbebroschüren nicht ganz so rosige Zeiten ausgeklammert. Vergangene Prognosen, die nicht eingetroffen sind, lassen die selbsternannten Aktienpropheten geflissentlich unter den Tisch fallen und Kosten erwähnen sie, wenn überhaupt, dann nur am Rande.

Sie aber wollen etwas Langfristiges aufbauen, ein gutes Startkapital für Ihre Kinder. Dazu benötigen Sie kein Geschnatter, sondern Substanz. Sprunghaftes Hin und Her zwischen verschiedenen Anlageprodukten produziert eine Unmenge von Kosten und ist damit pures Gift für eine langfristig ausgelegte, rentable Strategie.

Solcherlei taugt höchstens zur Unterhaltung. Und Unterhaltungsangebote sollten Sie niemals zur Grundlage für wichtige Zukunfts- und Anlageentscheidungen nehmen – erst recht nicht, wenn es um die Zukunft Ihrer Kinder geht.

Für Kinder Geld anlegen – Bitte ohne Bankberater oder Promi

Zahlreiche bekannte Menschen aus dem Showbusiness wurden bereits engagiert, um für die abenteuerlichsten Investment-Ideen zu werben – von Thomas Gottschalk über Johannes B. Kerner bis hin zu Manfred Krug. Letzterer entschuldigte sich im Jahr 2007 bei den Telekom-Aktionären – viele Jahre nachdem er 1996 der rosafarbenen »Volksaktie« televisionär gehuldigt hatte. Doch die Werbung ist noch recht harmlos. Sie ist schließlich nicht als seriöse Information gekennzeichnet, und jeder Mensch hat zumindest eine Ahnung davon, wie vertrauenswürdig die Aussagen in den Spots wirklich sind. Doch mit schnöden Jingles und bunten Bildern fängt die Illusion erst an.

Hand aufs Herz! Vertrauen Sie Ihrem Bankberater? Kaum ein Jahr vergeht, in dem nicht angesehene Fachredaktionen, wie die der Stiftung Warentest, die Qualität von Bankberatungen unter die Lupe nehmen und ernüchternde Urteile fällen. Vergessen Sie auch nicht solche Häuser wie die DVAG oder AWD. Über die Qualität der dort empfohlenen Produkte können viele enttäuschte Anleger ein trauriges Liedchen pfeifen. Die Berichte über gerichtliche Verfahren sind seit Jahren bekannt. Und die Großbank Lehman Brothers riss im Herbst 2008 die gesamte Finanzwirtschaft fast in den Abgrund, weil sie faule Hypothekenkredite als sichere Investments unters Anlegervolk gebracht hatte – auch mit tatkräftiger Unterstützung renommierter deutscher Institute und ihrer Kundenberater.

Ein hervorstechendes Negativbeispiel bildet hier auch die Deka, die Fondsgesellschaft der ach so seriösen Sparkassen. 222 Milliarden Euro verwaltet sie aktuell für Privatanleger und Großkunden. Tendenz steigend. Allein im Jahr 2015 wuchs der Berg um 14 Milliarden Euro. Anleger investieren im Glauben, den sinkenden Zinsen zu entfliehen. Doch weit gefehlt. Nach Analyse des Informationsdienstes Morningstar erhalten lediglich 35 Prozent aller Deka-Fonds eine gute oder sehr gute Bewertung mit vier beziehungsweise fünf Sternen. Unter den 50 größten Fondsgesellschaften landet Deka damit nur auf Rang 45. Intern ist es längst Deka-Allgemeinwissen, dass nicht einmal die Hälfte aller Fonds mit einem Volumen von mehr als einer Milliarde Euro ihr Renditeziel erreicht.

Doch woran liegt es, dass Bankberater so häufig falsch liegen und Produkte verkaufen, die ihren Kunden manches Mal gar eher schaden als nützen?

Es handelt sich dabei keinesfalls um einzelne Problemfälle oder individuelle Fehlleistungen. Das wahre Problem sitzt tiefer und wurzelt fest im Interessenkonflikt, dem Banken und ihre Mitarbeiter unterliegen. Berater sind in erster Linie Verkäufer von Produkten ihrer Arbeitgeber.

Ein Bankberater hat genau wie jeder andere Verkäufer ganz konkrete Motive, wenn es um die Wanderungsbewegungen Ihres Geldes geht. Vorrangige Aufgabe Ihres Bankberaters ist es, für seinem Arbeitgeber Geld zu verdienen. Belohnt wird er mit erfolgsabhängigen Provisionen. Ihr Wohl als Kunde rangiert in der Hierarchie seiner Motive allerhöchstens auf Rang drei. Darüber sollten Sie sich IMMER im Klaren sein, wenn Sie das Innere eines Finanzinstituts betreten. Und so stellt das von Ihrem Berater empfohlene Anlageprodukt womöglich gar nicht das für Sie und Ihre Bedürfnisse am besten geeignete Investment dar. Und das, obwohl Sie ihm womöglich schon seit Jahren großes Vertrauen schenken und er Ihren Kindern ganz herzensgut zum Geburtstag ein süßes kleines Plastiksparschwein geschenkt hat.

An objektiver Beratung mit dem Hauptziel, die Kundeninteressen bestmöglich zu erfüllen, verdienen diese Experten nicht. Deshalb werden Sie einem als »Beratung« deklarierten Verkaufsgespräch unterzogen, nachdem Sie sich an den Bürotisch des Bankangestellten Ihres Vertrauens gesetzt haben. Konkrete Nachteile der empfohlenen Produkte bestehen meist in den enorm hohen Nebenkosten, die langfristig die größte Gefahr für Ihre Rendite und die Ihres Kindes darstellen.

Nur eine Bank, die auf den Verkauf eigener Anlageprodukte verzichtet, kann wirklich unvoreingenommen beraten und ihren Kunden die stärksten Investments empfehlen. Eine Bank ohne eigene Anlageprodukte im Sortiment würde Ihnen vermutlich genau die Geldanlagestrategie empfehlen, die ich Ihnen in den kommenden Kapiteln näherbringen werde.

Es gilt also, den skeptischen Blick zu schärfen. Übernehmen Sie selbst Verantwortung für Ihre Geldanlage und die Ihrer Kinder. Vertrauen Sie so wichtige Entscheidungen, die die Zukunft Ihres Nachwuchses bestimmen, keinem Verkäufer an. Dies gilt auch für dieses Buch und seinen Autor. Nehmen Sie nichts als allein seligmachende Wahrheit. Bilden Sie sich selbst fort und werden Sie selbst zum Experten der finanziellen Zukunft Ihrer Kinder. Dieses Buch kann auf diesem Weg nur ein (wenngleich wichtiger) Schritt von vielen sein.

Geduld zahlt sich aus – Der Anlagehorizont

Geduld spielt eine große Rolle, wenn Sie Geld für Ihre Kinder anlegen. Ihr Anlagehorizont hat eine große Bedeutung und birgt gerade in Sachen Geldanlage für den Nachwuchs einen ganz wesentlichen Erfolgsfaktor. Denn Sie können ziemlich präzise abschätzen, wann Sie das gewachsene Vermögen benötigen werden. Legen Sie frühzeitig genug an, idealerweise schon ab der Geburt oder kurz davor. Dann haben Sie 20 oder mehr Jahre Zeit, um den Zinseszinseffekt wirken zu lassen. Eine Summe von 10.000 Euro wird innerhalb von 20 Jahren, angelegt zu einem festen Zinssatz von 5 Prozent, zu 26.533 Euro anwachsen. Ein Sparplan, den Sie monatlich mit nur 25 Euro füttern, wird bei einem Zinssatz von 5 Prozent nach 20 Jahren 10.188 Euro wert sein. Eingezahlt haben Sie hier insgesamt 6.000 Euro.

Festgeld und Tagesgeld jedoch werfen in der heutigen Zeit der extremen Niedrigzinsen natürlich keine 5 Prozent mehr ab. Um solche Renditen einzufahren, müssen Sie schon etwas Risiko eingehen. Aber der lange Anlagehorizont spricht dafür, dieses Risiko einzugehen. Mit Krisen und Einbrüchen an den Aktienmärkten werden Sie zu rechnen haben. Aber sie sind verkraftbar. Innerhalb von 20 Jahren werden die Kursgewinne die Kursverluste mit ziemlich hoher Sicherheit übersteigen.

Das »Handelsblatt« bietet auf seiner Internetseite einen sogenannten Rendite-Risiko-Radar. Hier können Sie für viele verschiedene internationale Aktienindizes die Renditen für beliebige Zeiträume betrachten.

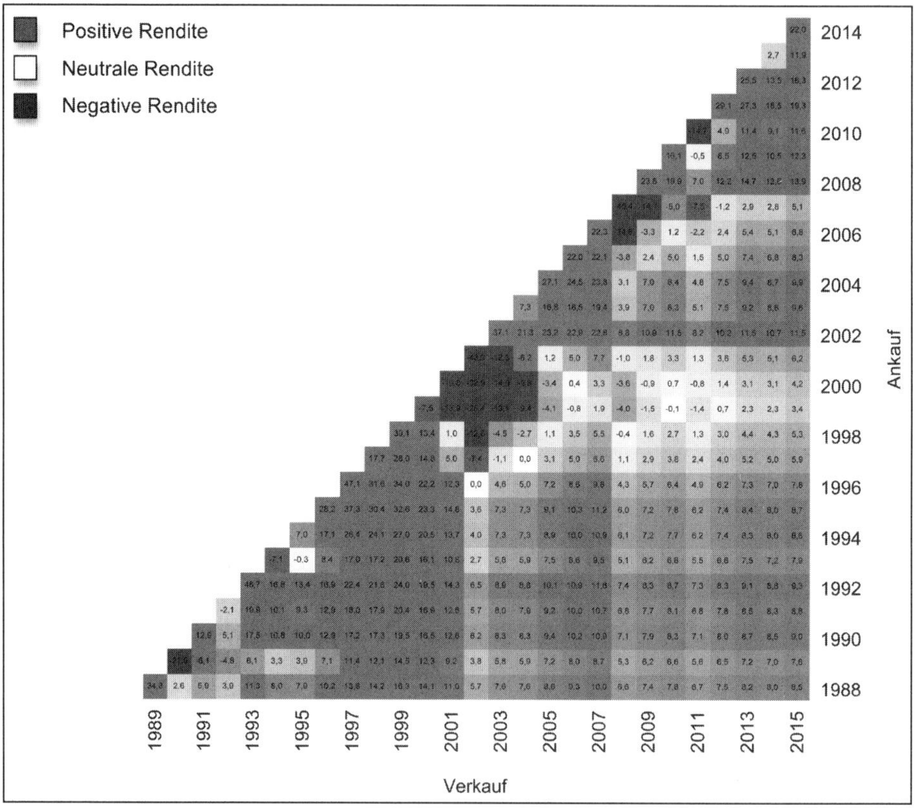

Rendite-Risiko-Radar DAX (Quelle: Screenshot Handelsblatt)

Der Deutsche Aktienindex (DAX) zum Beispiel erzielte zwischen 1994 und 2014 eine jährliche Rendite von durchschnittlich 7,99 Prozent. Auf dem entsprechenden Rendite-Risiko-Radar ist sehr schön zu sehen, dass die Chance auf eine positive Rendite mit zunehmender Haltedauer des Wertpapiers steigt (grau) und bei geringer Haltedauer sinkt (dunkel). Auf dem Radar für den DAX sind ebenso die Auswirkungen der oben beschrieben Dotcom-Blase zu erkennen. Ein im Jahr 2001 gekauftes Wertpapier rentierte erst frühestens fünf Jahre später positiv. Eine lange Durststrecke. Aber Sie sehen: Auch eine solch erschütternde Krise wie das Platzen der New-Economy-Blase hat Anlegern mit einem weiten Anlagehorizont nicht schaden können. Sie haben die Krise ausgesessen und können sich seit 2006 auch wieder über ordentliche Renditen freuen. Ähnliches gilt für die Immobilienblase, die nach dem Zusammenbruch der Bank Lehman Brothers platzte. Ein im Jahr 2007 erstandenes Papier aus dem DAX erzielte erst 2013 positive Renditen.

Doch dieses Phänomen der zumeist erfreulich positiven Aktienrenditen bei weitem Anlagehorizont ist nicht auf die deutschen Kapitalmärkte beschränkt. Gleiches lässt sich auch in den USA und den Schwellenländern beobachten.

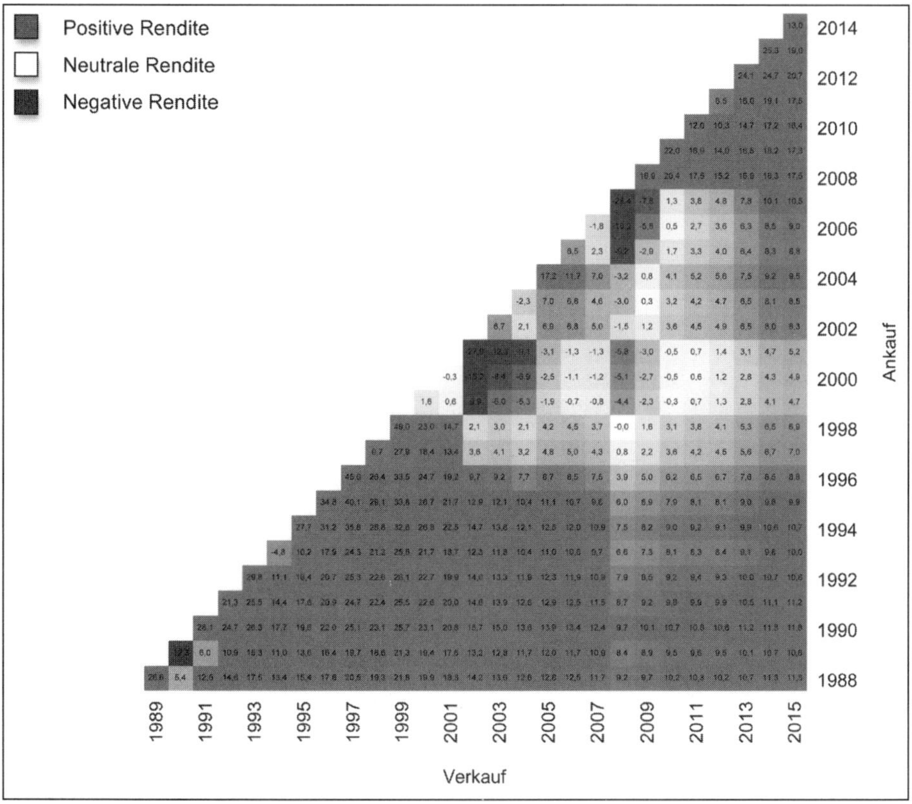

Rendite-Risiko-Radar Dow Jones (Quelle: Screenshot Handelsblatt)

Auch der Dow Jones wurde in den beiden Finanzkrisen 2000 und 2008 durchgeschüttelt. Doch eine 1994 gekaufte US-amerikanische Aktie aus dem Dow Jones erzielte bis 2014 eine jährliche Rendite von durchschnittlichen 10,6 Prozent.

Der Schwellenländerindex MSCI Emerging Markets wurde erst im Jahr 1999 begründet. Aber auch er zeigt die gleichen Merkmale. Die Renditen wachsen mit der Geduld des Anlegers. Ein 1999 gekaufter Anteil an einem Unternehmen aus den Schwellenländern rentierte bis 2014 mit durchschnittlich gut 6,0 Prozent pro Jahr.

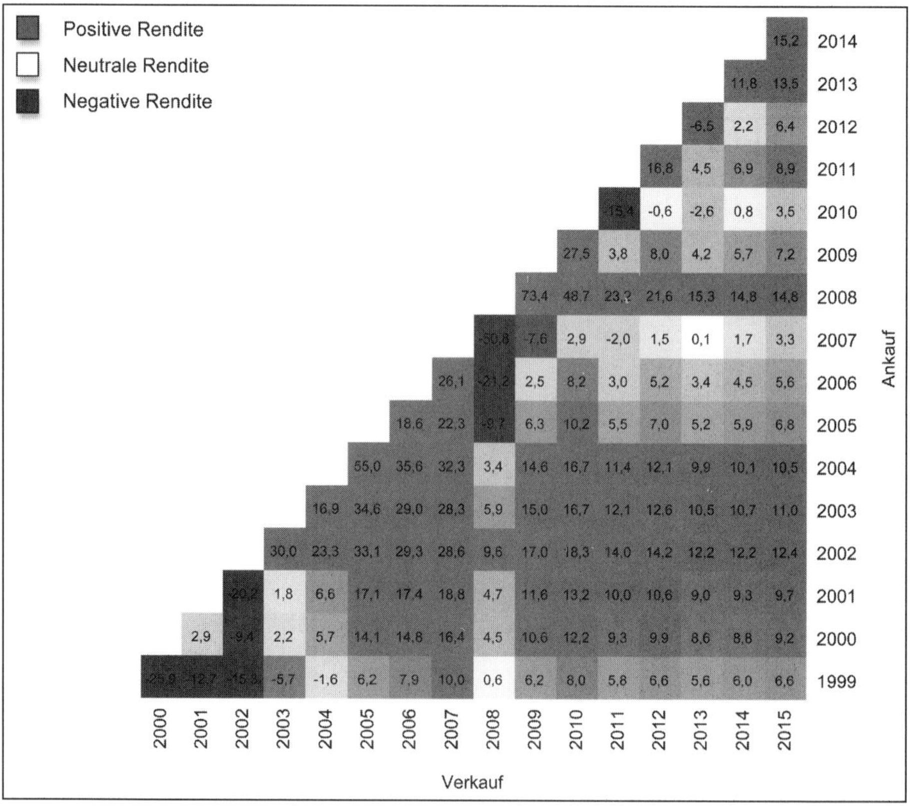

Rendite-Risiko-Radar MSCI Emerging Markets

Investments in Aktien sind immer riskant. Es gibt keine Rendite ohne eine gewisse Wahrscheinlichkeit des Verlustes oder gar Totalverlustes. Doch gerade zur Geldanlage für Ihre Kinder stellen Aktien eine wichtige Säule dar. Wie Sie gesehen haben, ist ein weiter Anlagehorizont entscheidend, um den Zinseszinseffekt optimal ausnutzen zu können. Auf lange Sicht kann bereits ein einziger Prozentpunkt einen Unterschied von mehreren Tausend Euro machen. Je weiter der Horizont, desto stärker der Zinseszinseffekt. Das ist ganz ähnlich wie beim Bogenschießen, wo bereits eine minimale Abweichung bei der Positionierung des Bogens den Unterschied zwischen Volltreffer und Fehlschuss bedeutet.

Und wer unter uns hat den weitesten Anlagehorizont? Natürlich die lieben Kleinen. Für Ihren Nachwuchs können Sie ganz entspannt mit einem Zeitraum von 20 Jahren rechnen, in dem sich Zins auf Zins auf Zins türmen wird. Ihre eigene Geduld wird also entscheidend sein für den Vermögensaufbau zugunsten Ihrer Kinder. Kaufen Sie ein Wertpapier und lassen Sie es ruhen. Dies wird auch für Sie die effektivste aller Strategien darstellen. Und auch die effizienteste. Wenn Sie nicht jeden Tag in Ihr Depot schauen, sparen Sie gleichzeitig wertvolle Lebenszeit, die Sie viel besser und schöner mit Ihrem Nachwuchs verbringen können. Oder wie der Gründervater des Value Investing Benjamin Graham so schön sagte: »Der häufigste Grund dafür, warum Menschen an der Börse keinen Erfolg haben, ist der, dass sie sich den ganzen Tag damit beschäftigen, was an der Börse passiert.«

02

Das Fundament

Im Folgenden werde ich Ihnen die Werkzeuge präsentieren, die Sie als Erschaffer des Vermögens Ihres Nachwuchses dringend benötigen. Ich werde Ihnen von Wertpapieren erzählen und von der Börse, von Fonds und Sparplänen. Und später auch von goldenen Rettungsbooten, die in stürmischen Zeiten mitunter ebenfalls nötig sind.

Börse und Aktien

Was genau ist überhaupt »die Börse«? Die heutige Form der Börse ist ebenfalls nichts weiter als ein Handelsplatz für Wertpapiere. Unter Wertpapieren wird aber ein Vermögensrecht verstanden, das ohne eine entsprechende Urkunde nicht geltend gemacht werden kann. Zu den bekanntesten Wertpapieren gehören Anleihen, Pfandbriefe, Fondsanteile und auch natürlich Aktien. Aber auch Waren können gehandelt werden. Zu den gehandelten Waren zählen vor allem Rohstoffe sowie auch Edelmetalle wie Gold und Silber. Aktien sind Anteile am Eigenkapital einer Aktiengesellschaft. Und wie auf jedem anderen Markt entstehen auch an der Börse die Preise, indem Nachfrage und

Angebot aufeinandertreffen. Wie bei jedem Kaufvertrag schließen Käufer und Verkäufer Verträge über Erfüllung und Verpflichtung. Sie einigen sich über Art, Menge und Preis eines Wertpapiers. Früher lag dieses Wertpapier noch in physischer Form vor. Heute laufen die Börsengeschäfte digital, sodass der Anleger seine Aktien oder Fondsanteile in elektronischer Form in seinem Depot hält. Über seine depotführende Bank lässt er Wertpapiere kaufen und verkaufen. Erlöse werden ihm abzüglich der anfallenden Gebühren auf einem Verrechnungskonto gutgeschrieben.

Börse
Die erste Wertpapierbörse entstand vor über 400 Jahren. Am 20. März 1602 verbündeten sich dazu niederländische Kaufleute. Sie gründeten die Vereinigte Ostindische Kompanie, um ihren Pfefferhandel in Asien besser zu organisieren. Auf diese Weise schufen sie die erste Aktiengesellschaft mit frei handelbaren Anteilen. Ihr »Kontor VOC« entwickelte sich dementsprechend zur ersten Aktienbörse der Welt. Das heute gebräuchliche Wort »Börse« leitet sich jedoch von einem alten Patrizierhaus namens »Beurse« in Brügge ab, wo bereits im 14. Jahrhundert Kaufleute Waren und Geld tauschten.

Bulle und Bär, die immer wieder mit dem Aktienhandel assoziierten Tiere, stehen im Börsenfach für gegensätzliche Stimmungslagen der Anleger. Der Bulle symbolisiert mit seiner ungezügelten Kraft den Aufbruch, den Optimismus und damit in der Hausse steigende Aktienkurse. Der gemächliche Bär wiederum repräsentiert Pessimismus, Zweifel, Angst und dementsprechend fallende Aktienkurse.

Grund für fallende oder steigende Kurse sind stets die Erwartungen der Anleger. Wenn sich ein Käufer den zukünftigen Geschäftsverlauf einer bestimmten Firma rosig vorstellt und ihm die Aktie relativ günstig erscheint, wird er sie erwerben. Geht der Inhaber einer Aktie von einer eher ungünstigen zukünftigen Entwicklung aus, wird er einen Verkauf seiner Anteile in Erwägung ziehen.

Aktien spiegeln das Wachstum der Weltwirtschaft wider, und dies beträgt im langfristigen Durchschnitt zirka 4 Prozent zuzüglich 2 bis 3 Prozent Inflation, die ebenfalls in die Aktienpreise einfließen. Neben diesem fortwährenden, aber kurzfristig immer auch schwankenden Wertzuwachs erhält der Aktionär meist eine Dividende ausgezahlt.

Fondsanteile sind den Aktien recht ähnlich. Sie verbriefen allerdings das Miteigentum an einem Mix aus Gütern und Wertpapieren, in die der Fonds investiert.

In der Bundesrepublik Deutschland existieren acht unterschiedliche Wertpapierbörsen. Die bedeutungsvollste ist sicherlich die Frankfurter Börse, die bereits im Jahr 1540 ihren ersten Handelstag verzeichnet und heute einen Großteil des deutschen Aktienhandels abwickelt. Je nach Börse variieren die Handelszeiten.

Fest steht: Eine Geldanlage ohne Aktien oder Fondsanteile ist zum Scheitern verurteilt. Beide sind mit Abstand das effizienteste Werkzeug zur Vermögensbildung. Denn der Besitzer einer Aktie profitiert gleichzeitig von den realen Unternehmensgewinnen und von der durch die Zentralbanken provozierten Inflation der Geldmenge. Eine Aktie ist ein Sachwert, der von Jahr zu Jahr dank der Unternehmensgewinne ansteigt. Sie bildet stets Wachstum und Inflation ab und stellt damit in den Zeiten wie den unseren, in denen der wahre Wert des Geldes immer weiter in den Keller rauscht, einen guten Schutz dar. Für Anleger mit einem weiten Anlagehorizont boten zum Beispiel US-amerikanische Standardaktien in den letzten Jahrzehnten beständige Renditen. So hat Roger Ibbotson, ein Finanzwissenschaftler an der Yale Universität, die Entwicklung von US-Aktien zwischen 1926 und 2012 untersucht und herausgefunden, dass sie eine inflationsbereinigte Rendite von 6,7 Prozent pro Jahr einbrachten – im Vergleich zu 2,3 Prozent bei Staatsanleihen ein durchaus nettes Sümmchen. Und zwischen den Jahren 1975 und 2012 brachten Aktien aus dem MSCI World Index jährlich gar 9,3 Prozent inklusive Dividenden.

Hier zeigt sich noch mal besonders der hohe Wert eines weiten Anlagehorizonts. Gepaart mit dem Zinseszinseffekt kann er wahre Wunder bewirken. Ein Investor, der 1975 nur 1.000 Dollar in MSCI World Aktien investiert hätte, könnte sich heute über 29.347 Dollar freuen.

Langfristig sind Aktien die renditestärkste Anlageform und ein formidabler Inflationsschutz. Zudem können Aktien durchaus auch wie eine international gültige Währung betrachtet werden. Gerade die großen Standardaktien, von Apple bis Walt Disney, behalten ihren Wert unabhängig von nationalen Grenzen und Währungen. Coca-Cola kostet in den USA genauso viel wie in Russland, Südafrika oder Norwegen. Oder eben hier bei uns in Deutschland.

Und auch psychologisch haben Aktien einen netten Vorteil. Als Käufer werden Sie selbst zum Unternehmer. Zum Teilhaber. Mit jeder Aktie vergrößern Sie Ihr Stück vom Kuchen der Aktiengesellschaft, während Sie mit einer Staatsanleihe nichts weiter als der Kreditgeber eines unzuverlässigen Schuldners sind. Je besser es dem Unternehmen geht, desto besser, weil ertragreicher ist das für die Aktionäre.

Doch natürlich geht es bei keinem Unternehmen der Welt immer nur aufwärts. Jede Firma ist auch abhängig von der Gesamtkonjunktur und den branchenspezifischen Entwicklungen. Das Management ist hier gefordert, eine sinnvolle Strategie für Investitionen, Markterweiterungen und Kostenentwicklungen zu erarbeiten und durchzusetzen. Nur wenn ihm dies gelingt, können die Aktionäre auf positive Erträge hoffen. Kurzfristig sind Aktien sehr volatil. Ihr Wert schwankt extrem stark, was vor allem den oben dargestellten psychologischen Mechanismen geschuldet ist. Deshalb sollten Sie auch möglichst selten die aktuellen Kurse beobachten. Langfristig aber folgen Aktienkurse meist den Gewinnentwicklungen des Unternehmens.

Das Schlusswort dieses Abschnitts kommt also nicht von ungefähr von André Kostolany: »Aktien kaufen und Baldrian trinken, wenn Sie wieder aufwachen, haben Sie Geld verdient.«

Investmentfonds

Sie können es sich etwas einfacher machen und Ihr Geld auch in Fonds anlegen. Das Funktionsprinzip solcher Fonds ist recht simpel. Gemeinsam mit vielen anderen Anlegern, die Sie nicht kennen, überlassen Sie einen von Ihnen bestimmten Geldbetrag einer Investmentgesellschaft. Die Gesellschaft sammelt das eingenommene Geld in einem großen Topf, ihrem sogenannten Sondervermögen. Dieses Sondervermögen wird von den Fondsmanagern in Aktien, Anleihen, Rohstoffen, Immobilien oder anderen Wertpapieren angelegt. Die Kriterien der Anlage und damit die Zusammensetzung des Fondsvermögens sind dabei von Fonds zu Fonds verschieden. Durch die Abgrenzung des Gesellschaftsvermögens vom Fondsvermögen, in das auch Ihre

Einlage fließt, wird Ihr Geld bei einer möglichen Insolvenz der Fondsgesellschaft weitgehend geschützt.

Als Anleger genießen Sie bei Investmentfonds vor allem den Vorteil einer breiten Risikostreuung auch bei kleinen investierten Beträgen. Würden Sie in einzelne Aktien investieren, könnten Sie diese Risikostreuung nur bei einem hohen eingesetzten Kapital erzielen. Obwohl Sie womöglich nur wenig Kapital zur Verfügung haben, können Sie dank eines Fonds von den großen Investments der Wohlhabenden profitieren. Mit einem Fonds stehen Ihnen Anlagemöglichkeiten offen, die Sie allein vielleicht gar nicht stemmen könnten.

Ein Fonds konzentriert sich nicht auf die Entwicklung eines einzigen Unternehmens oder eines einzigen Rohstoffs, sondern stellt sich breit auf. Er investiert nach den eigenen Kriterien und gemäß der eigenen Anlagepolitik in viele verschiedene Unternehmen, in viele verschiedene Rohstoffe und andere Asset-Klassen. Dabei kann es natürlich immer auch zu Fehlschlägen kommen. Doch in der Hauptsache kommt es darauf an, dass sich die Gesamtheit aller Investitionen des Fonds positiv entwickelt.

Bezüglich der Gebühren sind zwei grundlegende Arten von Investmentfonds zu unterscheiden:

1. Fonds mit Ausgabeaufschlag
Hier zahlen Sie als Anleger einen einmaligen Ausgabeaufschlag beim Kauf der Anteile. Bei Aktien- und Immobilienfonds beträgt dieser Aufschlag zirka 3 bis 6 Prozent Ihres Einsatzes. Die laufenden Verwaltungsgebühren, die in regelmäßigen Abständen vom Sondervermögen in die Kasse der Investmentgesellschaft fließen, sind dementsprechend etwas geringer und liegen meist zwischen 0,5 und 3 Prozent pro Jahr.

2. Fonds ohne Ausgabeaufschlag
Hier zahlen Sie als Anleger keinen Ausgabeaufschlag. Die laufenden Verwaltungsgebühren sind dementsprechend höher. Je weiter Ihr Anlagehorizont und der Ihres Nachwuchses ist, desto profitabler werden am Ende des Tages die Fonds mit Ausgabeaufschlag sein. Bedenken Sie bitte, dass laufende Kosten den wichtigsten Renditekiller darstellen. Sie zu reduzieren muss eine ganz hohe Priorität bekommen.

Des Weiteren werden Investmentfonds nach der Verwendungsart ihrer Gewinne unterschieden:

1. ausschüttende Fonds
Diese Fonds zahlen ihre erwirtschafteten Erträge jährlich aus. Zumeist haben Anleger allerdings die Möglichkeit, die dadurch erzielten Einnahmen mit einem sogenannten Wiederanlagerabatt gleich wieder zu investieren.

2. thesaurierende Fonds
Diese Fonds schütten ihre Erträge nicht aus, sondern lassen diese gleich ins Sondervermögen fließen, um es gemäß der eigenen Strategie wieder anlegen und für die Investoren arbeiten lassen zu können. Haben Sie es bemerkt? Hier wirkt der Zinseszinseffekt für die Anleger – vorausgesetzt natürlich, die Fondsmanager machen einen guten Job und erzielen auch im Folgejahr einen Gewinn.

Zum langfristigen Vermögensaufbau eignen sich besonders international aufgestellte Aktienfonds mit Fokus auf die großen Konzerne der Welt, deren Produkte und Marken weit bekannt sind und genutzt werden. Solche Unternehmen haben schon viele Jahre und Jahrzehnte lang ihre Wettbewerbsfähigkeit bewiesen.

Ihnen als Anleger bieten sich auch gerade hinsichtlich der Diversifikation eine immens große Auswahl an Fonds, die Ihr Geld in den unterschiedlichsten Märkten und Regionen anlegen. Es gibt auch Fonds, die sich auf bestimmte Branchen spezialisiert haben, wie zum Beispiel Medizintechnik oder Biotechnologie, oder die nach Themen gewichtet agieren, zum Beispiel erneuerbare Energien bevorzugen oder auf soziale Mindeststandards bei der Produktion achten.

Aktienfonds können in ihrem Wert sehr stark schwanken, wenn man ihre Entwicklung in kurzen Zeiträumen beobachtet. Blickt man aber auf das große Ganze und verfolgt den Kurs eines Aktienfonds über viele Jahre hinweg, erkennt man im Allgemeinen, dass der Fonds meist ordentliche Renditen erzielt hat. Über 20 bis 30 Jahre können durchaus 6 bis 9 Prozent Gewinn erzielt werden. Je nach Qualität des Managements ist natürlich auch durchaus noch mehr möglich.

In den letzten Jahrzehnten erzielten auch Rentenfonds, die in festverzinsliche Wertpapiere wie Unternehmens- und Staatsanleihen investieren, vergleichbar hohe Renditen. Aufgrund der aktuellen Niedrigzinsphase, sollten Sie aber nicht davon ausgehen, auch in Zukunft noch ordentliche Gewinne mit Rentenfonds erzielen zu können.

Mischfonds investieren in Aktien und Anleihen, halten aber auch je nach Marktsituation und eigener Anlagestrategie mehr oder weniger Cash, um kurzfristig handeln zu können. Da in unterschiedliche Anlageklassen investiert wird, schwanken die Renditen nicht so stark wie bei reinen Aktienfonds, liegen mit durchschnittlich 6 Prozent bei einem Anlagehorizont von 20 Jahren aber auch etwas unter dem Ergebnis der Aktienfonds.

Für Sie als Erschaffer des Vermögens Ihres Nachwuchses sind Fonds neben der Risikostreuung interessant, weil Sie einen langen Anlagehorizont bevorzugen. Es macht kaum einen Sinn, Fondsanteile zu erstehen, wenn man auf kurzfristige Gewinne aus ist. Fondsanteile können Sie einfach liegen lassen. Sie delegieren das Management einfach auf andere Menschen und können die Zeit für sich arbeiten lassen.

Allerdings dürfen Sie beim Delegieren die oben bereits erwähnte Experten-Illusion nicht vergessen. Genauso wie auf einen Bankberater können Sie auch auf das Säuseln eines Fondsmanagers hereinfallen, der Ihnen das Blaue vom Himmel verspricht. Schlechte Erfahrungen mit Fonds wurden vor allem auch in den letzten großen Krisen gemacht. Als die Blasen der New Economy und der Subprime-Investments platzten, verloren auch viele Anleger viel Geld, die den Managern von Internet- und Immobilienfonds vertraut hatten. Die Experten-Illusion gilt auch und besonders im Hinblick auf Fondsinvestments. Sie sollten auch bei der Fondsauswahl keinen Fußbreit von dieser Vorsicht abrücken.

Kommt Ihnen der folgende Ablauf bekannt vor? Eine bestimmte Branche, aktuell mal wieder die Internettechnologie, feiert Auferstehung und die Kurse eilen von Höhepunkt zu Höhepunkt. Und schon springt ein Finanzinstitut nach dem anderen auf den Zug auf und werkelt eifrig, aber hastig einen Fonds zusammen, der genau diese hyperventilierende Branche nachzubilden versucht. Mit großen Werbeetats, protzigen Anzeigen und Gute-Laune-Interviews in den Wirtschafts- und Finanzblättern werden diese Fonds dann unters Volk gebracht und der Boom wird immer weiter befeuert. Auf einmal sprechen alle »Experten« von den gleichen Themen. Das Problem für Sie als Anleger: Ein solcher Fonds steht am Ende einer langen Kette. Wenn Sie dann in einen solchen Fonds investieren, haben vor Ihnen schon viele andere clevere Menschen, die sehr viel näher am Puls der technologischen und ökonomischen Entwicklung stehen, ihr Geld investiert. Diese Menschen warten nun mit den neuen Fonds auf das Geld der Kleinanleger.

Wenn also allerlei »Experten« ein und dasselbe Thema bejubeln und gleichzeitig passende Fonds emittieren, sollten Sie stutzig werden. Eine solche Entwicklung ist durchaus als Kontraindikator zu verstehen, als Warnsignal, Ihr hart erarbeitetes Geld doch lieber anderweitig zu investieren als in den medial hochgejubelten »Boom«.

Dennoch: Solche aktiv gemanagten Fonds zeigen uns die ersten Schritte auf dem Weg zur richtigen Geldanlage. Sie verfolgen eine breite Risikostreuung, und sie ermöglichen es den Anlegern, sich von tagesaktuellen Börsennachrichten und Tickermeldungen fernzuhalten. Sie helfen dem Anleger, sich zurückzulehnen und sein Geld wirklich für sich arbeiten zu lassen.

Was in dieser Gleichung noch stört, sind zwei Dinge. Zum einen stört der Experte, der Fondsmanager, der vorgibt, Informationen zu besitzen, die sonst keiner hat, und verspricht, den Markt schlagen zu können. Zum anderen stören die hohen Gebühren der Fonds, die die tatsächliche Rendite der Anleger deutlich schmälern.

Das Feld der Fonds ist weit, spielt aber für den effizienten Vermögensaufbau für Ihre Kinder eine sehr wichtige Rolle. Fonds bieten eine recht hohe Sicherheit, weil die Einlagen in einem Sondervermögen gesammelt und in verschiedene Wertpapiere und Vermögenswerte angelegt werden. Die Renditen sind auf lange Sicht relativ hoch und stabil. Fonds sind über die Börse jederzeit handelbar. Aber die Kosten sind zumindest bei aktiv gemanagten Fonds noch nicht optimal. Aktiv gemanagte Investmentfonds sind also ein guter Einstieg, aber auch nicht mehr.

03

Exchange Traded Funds – Die günstigste Fondslösung für Sie

Es ist noch gar nicht so lange her. Zu Beginn der 1970er-Jahre kam in den Vereinigten Staaten von Amerika zum ersten Mal zaghaft die Idee auf, mittels Investmentfonds ganz einfach Börsenindizes nachzubilden. Denn John C. Bogle, Gründer der Vanguard Group, missfiel bei den bis dato vorhandenen Fonds die klassische Kombination aus relativ hohen Verwaltungsgebühren und die im Vergleich zu den Indizes kaum mehr als durchschnittliche Performance, die sich ergibt, wenn man sein Geld langfristig anlegt. Bogle brach mit dem bis dato in Stein gemeißelten Credo, als Fondsmanager ständig nach Outperformance, also überdurchschnittlichen Gewinnen, streben zu müssen, und setzte nüchtern auf das Minimalprinzip: Mit geringem Verwaltungs- und Managementaufwand einen Index nachbilden anstatt versuchen, diesen zu schlagen. Kosten für Markt- und Unternehmensanalysen konnte er damit einsparen. Gehandelt wird nur, wenn auch der nachgebildete Index geändert wird, wenn zum Beispiel eine Aktie den DAX verlässt und eine andere aufgenommen wird. Weniger Umschichtungen, weniger Trades und weniger Beobachtungen führen zu deutlich geringeren

Transaktionskosten und einer langfristig höheren Rendite. Die Bogles Vanguard Group schwang sich bis heute zu einem der weltweit führenden Anbieter von passiv gemanagten Fonds auf.

1993 kam dann mit dem SPDR oder umgangssprachlich »Spider« der erste börsennotierte ETF heraus. Die Abkürzung ETF steht für »Exchange Traded Funds«, bezeichnet also erst einmal schlicht an der Börse gehandelte Fonds. Ihm folgten der den Dow Jones Industrial Average nachbildende Diamonds und der den Nasdaq 100 nachbildende Cubes. In den Folgejahren keimten in den USA zahlreiche weitere ETF auf, bis im Jahr 2001 auch der erste auf den deutschen Börsenindex DAX setzende ETF emittiert wurde. Bis zum Jahr 2010 stieg das Volumen der europäischen ETFs auf 160 Milliarden Euro. In ganz Europa stehen zurzeit zirka 1.000 ETFs für den Handel zur Verfügung. Allein in Deutschland sind Privatanleger aktuell mit sieben Milliarden Euro in ETFs investiert. In den USA beträgt die Markkapitalisierung aller ETFs heute schon mehr als eine Billion US-Dollar. Allein im Jahr 2015 konnten passiv gemanagte ETFs Mittelzuflüsse in Höhe von 413 Milliarden US-Dollar verbuchen. Hingegen flossen 207 Milliarden US-Dollar aus aktiv gemanagten Fonds ab. Europäische ETFs sammelten 75 Milliarden Euro ein. Bis 2019 wird ein Gesamtvolumen von einer Billion Euro erwartet. ETFs sind also alles andere als ein Nischenprodukt.

Hier gibt es keine zwei Meinungen: Die ETFs erfreuen sich stetig steigender Beliebtheit unter den Privatanlegern – zum Leidwesen der großen Banken, die an Aktienfonds weitaus mehr verdienen als mit den relativ niedrigen Gebühren der Indexfonds.

Aber wie funktionieren denn nun ein ETF und warum sind sie gerade für die Geldanlage für Kinder so optimal?

Dazu noch mal einen Schritt zurück: Sie können einerseits natürlich einfach einzelne Aktien kaufen. Das hat den Vorteil, dass

Sie keine »Verpackungsgebühr« bezahlen müssen, die zum Beispiel anfällt, wenn Aktien in einem Investmentfonds gebündelt sind. Denn schließlich muss sich ja jemand um die Verwaltung kümmern. Allerdings haben Sie natürlich den Nachteil, dass Sie, wenn Sie Pech haben, ausgerechnet die lahmen Enten erwischen, und es ist zugegeben sehr schwierig, genau die auszuwählen, die in ihrem Anlagezeitraum die Besten sind – um nicht sogar zu sagen: fast unmöglich. Wenn Sie sichergehen wollten, dass Sie ausreichend viele Aktien kaufen, um zwei oder drei schwache Aktien verschmerzen zu können, müssten Sie dagegen richtig Geld investieren. Würden Sie zum Beispiel nur jede Aktie aus dem DAX einmal kaufen, müssten Sie auf einen Schlag rund 2.000 EUR (und das noch ohne Gebühren) lockermachen. Besser sind also womöglich Investmentfonds. Denn erstens kümmern sich Experten um die Auswahl der Aktien in einem Fonds. Es sind zweitens in der Regel auch viele Aktien enthalten, sodass der Fonds auch ganz gute Gewinne erwirtschaften kann, wenn mal zwei oder drei Aktien nicht so gut laufen. Und drittens kaufen Sie nur einen Teil des Fonds, sodass ein Fondsanteil eher 100 als 1.000 Euro kostet. Nur sind eben die Gebühren, wie Sie schon im Kapitel »Investmentfonds« gelesen haben, nicht zu unterschätzen, und leider sind die wenigsten Fondsmanager langfristig (und genau das wollen Sie ja) in der Lage, besser abzuschneiden als der Markt – also zum Beispiel der DAX. Und jetzt kommen die ETFs ins Spiel: ETFs kombinieren die Vorteile aus Aktien und Investmentfonds. Die Gebühren sind (sehr) niedrig, sie haben eine ausreichend breite Streuung (Diversifikation) und schneiden meistens besser ab als ein teurer Fondsmanager.

Mithilfe der ETFs können Anleger in viele verschiedene Anlageklassen investieren, in Aktien aus den Industrie- und Schwellenländern genauso wie in Anleihen von Unternehmen. Zudem sind verschiedene Investmentstrategien möglich. Der Anleger kann den Fokus auf Dividenden richten, Volatilität reduzieren oder breit auf eine ganze Branche setzen. Der Kombination aus Index und Strategie sind kaum Grenzen gesetzt. Das erleichtert den Zugang zu neuen Märkten.

Die steigende Beliebtheit und der wachsende Markt der ETFs hat für die Anleger einen ganz besonderen Vorteil. Die emittierenden Gesellschaften konkurrieren vor allem in puncto Gebühren miteinander, denn die Kosten sind das entscheidende Auswahlkriterium, wenn verschiedene ETFs den gleichen Index nachbilden. Die Gesellschaften sind also einem enormen Kostendruck unterworfen. Bei kaum einem ETF liegt die Total Expense Ratio, kurz TER oder zu Deutsch Gesamtkostenquote, bei mehr als einem Prozent, meist liegt sie deutlich unter 0,5 Prozent.

Wie bei jedem anderen Fonds auch verbrieft jeder Anteil an einem ETF einen fest definierten Anteil an einem Sondervermögen der entsprechenden Fondsgesellschaft. Der aktuelle Preis eines ETF-Anteils entspricht, manchmal um Faktor 10 oder 100 reduziert, dem Indexstand an der Börse. Allerdings ist das Unterfangen, einen Index nachzubilden, doch mit einigen Hürden verbunden. Da ein ETF im Gegensatz zum Index Gebühren veranschlagen muss, entsteht im Laufe der Zeit stets ein sogenannter Tracking Error, ein Nachbildungsfehler. Das heißt, der Wert des ETF kann niemals genau den Wert des Index erreichen. Je niedriger dieser Nachbildungsfehler ausfällt, desto niedriger fällt im Regelfall auch die Gesamtkostenquote aus. Die emittierenden Gesellschaften sind also stets darauf erpicht, den Tracking Error möglichst niedrig zu halten, um die Kosten des eigenen Fonds nicht zu stark ansteigen zu lassen. Potenzielle Anleger würden sich sonst der Konkurrenz zuwenden.

Gerade dieses Bestreben der Anbieter hat in den letzten Jahren zu teilweise recht abenteuerlichen Formen der Indexnachbildung geführt. Grundsätzlich werden aktuell vier verschiedene sogenannte Replikations-, also Nachbildungsarten unterschieden:

1. Physisch

Bei dieser Variante wird der Index voll nachgebildet. Dies nennt man eine »volle Replikation« und bedeutet, dass in den ETF genau diejenigen Wertpapiere in genau derjenigen Gewichtung einfließen, die auch Teil des entsprechenden Index sind. Im Fall von DAX-ETFs werden zum Beispiel alle 30 Aktien des deutschen Aktienindex erworben – mit einer Gewichtung, die der im Index entspricht. Kommt es später zu Veränderungen in der Indexzusammensetzung, werden diese im ETF entsprechend berücksichtigt. Allerdings werden solche Änderungen im ETF nicht börsentäglich vollzogen, sondern meist nur im Abstand von einem Vierteljahr.

Bei einigen Indizes wäre die volle Replizierung allerdings zu kompliziert und arbeitsaufwendig – etwa wegen der hohen Anzahl der im Index enthaltenen Einzelwerte. Beispiele sind der S&P 500 mit 500 Einzelaktien und der MSCI World Index, der sogar 6.000 Werte abbildet. In solchen Fällen wird häufig eine repräsentative Auswahl der im zugrunde liegenden Index enthaltenen Wertpapiere erworben (»physisch optimiert«).

2. Physisch Optimiert

Auch bei der optimierten Variante spricht man von einer »vollen Replikation« des Index. Allerdings weicht man hier von der exakten Nachbildung etwas ab, indem diejenigen Wertpapiere, die nur einen sehr geringen Teil des Index ausmachen, nicht in den Fonds aufgenommen werden, denn Aktien mit hoher Gewichtung sind meist ausschlaggebend für die Indexentwicklung und werden für die Replikation dementsprechend bevorzugt. Welche Titel aber final ausgewählt werden, ist abhängig vom Manager des ETF. Neben der Gewichtung und der Liquidität achtet er häufig auf die Branche und die Bedeutung der Herkunftsländer. Ziel bei dieser Variante ist es, die Transaktionskosten und damit die Gebühren für den Anleger zu minimieren. Eine geringfügige Abweichung vom zugrunde liegenden Index wird dafür gerne in Kauf genommen. Nicht selten kommt es sogar vor, dass optimierte ETFs besser abschneiden als ihre rein physischen Pendants, wenn sich die Entwicklungen mehrerer kleiner Wertpapierpositionen gegenseitig aufheben und somit die eingesparten Kosten den Tracking Error reduzieren. Hier ergibt sich allerdings das Risiko von Abweichungen gegenüber dem Index. Ein Spezialfall dieser Variante ist die »Optimized-Sample-Methode«. Hier erfolgt die Auswahl der Aktien nicht »von Hand«, sondern wird einem technischen Auswahlsystem überlassen.

3. Synthetisch
Diese ETFs beinhalten nicht unbedingt die im nachgebildeten Index beinhalteten Wertpapiere. Vielmehr geht die emittierende Fondsgesellschaft ein Swap-Geschäft mit einem anderen Finanzinstitut ein. Unter einem Swap wird allgemein der Austausch von Zahlungsströmen verstanden. Bei einem Swap-ETF garantiert der Partner der Fondsgesellschaft die korrekte Indexabbildung, während die Fondsgesellschaft selbst gänzlich andere Wertpapiere halten kann. Die Differenz zwischen dem Fonds und dem Index wird auf Tagesbasis ausgeglichen. Selbstverständlich besteht hier das Risiko, dass der Swap-Partner insolvent werden könnte. Deshalb sind in der EU Swap-Geschäfte auf maximal 10 Prozent des Fondsvermögens begrenzt.

Dennoch ist diese Swap-Variante der ETF-Anlage in den letzten Jahren doch deutlich in Verruf geraten. Statt in handfeste Aktien zu investieren, die letztlich auch ein anteiliges Eigentum an einem Unternehmen dokumentieren, wird hier mit Derivaten gespielt, also mit abgeleiteten Wertpapieren, die letztlich nur Geldansprüche gegen eine Bank darstellen. Das ist in den Augen vieler ETF-Anhänger ein Verrat an der Grundidee der passiv gemanagten Fonds. Nicht zu Unrecht haben auch die Bank für Internationalen Zahlungsausgleich (BIZ) und der Internationale Währungsfonds vor der zunehmenden Verwendung von Derivaten in Exchange Traded Funds gewarnt.

4. Smart Beta

Dies ist der neueste Trend in der Welt der Exchange Traded Funds, bei dem der jeweils nachgebildete Index mit einer anderen Gewichtung repliziert wird. Auf diesem Wege soll natürlich die Rendite des Fonds gesteigert werden. Die Antwort auf die Frage jedoch, was dies noch mit der Grundidee der ETFs, nämlich dem passiven Management eines Fonds zu tun hat, bleibt jedem selbst überlassen.

Bei all diesen vier ETF-Varianten hat es sich mittlerweile eingebürgert, Teile des Wertpapierbestandes gegen Gebühr an Leerverkäufer zu verleihen, professionelle Investoren, die auf fallende Kurse setzen. Das Ziel lautet abermals, die Kosten für den Anleger zu senken. Die Einnahmen dieser Leihgeschäfte werden dazu genutzt, den Tracking Error auszugleichen. Das Risiko lautet aber auch hier: der Ausfall des Gegenübers.

Wie bei anderen Investmentfonds auch unterscheidet man bei ETFs thesaurierende und ausschüttende Fonds. Der Anleger hat die Wahl. Thesaurierende Fonds reinvestieren ihre Erträge. Ausgeschüttete Dividenden oder Zinsen fließen zurück ins Vermögen und nutzen damit automatisch den Zinseszinseffekt. Ausschüttende Fonds geben Zinsen und Dividenden weiter an die Anleger, die sich dann selbst entscheiden können zwischen Wiederanlage und Konsum.

Abzugrenzen von den Exchange Traded Funds sind die Exchange Traded Commodities (ETCs) und die Exchange Traded Notes (ETNs). Alle drei gehören zur Gruppe der Exchange Traded Products (ETP). Im Gegensatz zu den ETFs stellen ETNs wie auch die ETCs keine Anteile am Sondervermögen einer Fondsgesellschaft dar, sondern sind spezielle Arten von Schuldverschreibungen. Mithilfe von Exchange Traded Commodities investieren Anleger direkt in Rohstoffe. »Direkt« bedeutet, dass sie nicht den Umweg über die Aktie einer in Rohstoffen engagierten Unternehmung wählen, sondern tatsächlich Anteile an einem Rohstoffdepot erwerben. Der Preis der ETCs orientiert sich am Preis eines oder mehrerer Basiswerte, zum Beispiel am Preis von Gold oder am Preis einer Zusammenstellung von industriell bedeutsamen Metallen wie Nickel oder Kupfer. ETCs werden manchmal physisch besichert, indem die emittierende Gesellschaft die entsprechenden Rohstoffe auch selbst einkauft. Das ist allerdings meist nur bei Edelmetallen der Fall. Im Fall einer Insolvenz dient der Rohstoffbesitz dann als Insolvenzmasse. Dies aber nur der Vollständigkeit halber. Der Fokus Ihrer Geldanlage sollte auf ETFs liegen und nicht etwa auf ETCs oder ETNs. ETCs kommen allenfalls infrage, wenn Sie zu Hause kein physisches Gold lagern, auf seine Absicherung gegen Währungscrashs aber dennoch nicht verzichten wollen.

Zurück zu den ETFs: Auf lange Sicht betrachtet sind passiv gemanagte Indexfonds deutlich sicherer angelegt als Einzelaktien. Aber auch ETFs können in wirtschaftlich turbulenten Zeiten natürlich stark in ihrem Wert schwanken. Wenn Sie während einer Krise Ihr Geld zurückhaben möchten, werden Sie unweigerlich Verluste in Kauf nehmen müssen. Doch Sie haben gesehen: Je langfristiger Sie anlegen, desto geringer ist Ihr Risiko, am Ende ein Minus einzufahren. Und ein Totalverlust, gar eine Insolvenz der emittierenden Fondsgesellschaft ist sehr unwahrscheinlich.

Manche nennen es Faulheit. Ich nenne es die »Formel der Champions«. Eine Investition in Exchange Traded Funds bedeutet für Sie, dass Sie relativ wenig Aufwand betreiben müssen. Nirgendwo auf dem weiten Feld der Finanzanlage sind die Aussichten besser, mit 20 Prozent Aufwand 80 Prozent der möglichen Rendite einzufahren. Wie Sie wissen, ist Geld nicht alles. Warum sollten Sie sich länger als nötig mit dem Vermögensaufbau für Ihr Kind beschäftigen? Sparen Sie Zeit und schenken Sie diese Ihrem Nachwuchs.

An das Geld, das Sie in Indexfonds investiert haben, kommen Sie selbstverständlich jederzeit heran. Sollte es für Sie finanziell etwas enger werden, können Sie Ihre Fondsanteile tagesaktuell verkaufen.

Wir sehen also: Passiv gemanagte Indexfonds, Exchange Traded Funds, sind eine sehr sinnvolle Geldanlage, wenn es darum geht, ohne hohen Zeitaufwand langfristig von der stetigen Entwicklung der Weltwirtschaft zu profitieren. Es existiert kein einfacheres und effizienteres Werkzeug auf dem Finanzmarkt, um geringes Risiko und hohe Renditen miteinander zu verbinden. Gleichzeitig sparen Sie als Eltern oder Großeltern eine Menge Zeit. Anstatt tagtäglich in Ihrem Depot herumzuklicken, können Sie sich mit Ihren Kindern oder Enkelkindern beschäftigen. Und dies ist doch das Wichtigste.

Wir wollen uns nun einmal die ETFs etwas genauer ansehen, denn wie jedes Anlageprodukt besitzen auch diese Fonds nicht nur Vorteile. Es lauern Risiken. Und diese sollten Sie vor Ihrer Kaufentscheidung kennen.

Die Welt der Indizes

Beginnen wir unsere nähere Betrachtung mit dem Fundament, auf dem ETFs errichtet werden: mit den Indizes. Bei jedem ETF dient ein vorher von der Fondsgesellschaft ausgewählter Index als Benchmark, den es nachzubilden, also zu replizieren gilt. Die Wahl des Index ist eine grundlegende wie wegweisende Entscheidung – auch und besonders für Sie als Anleger. Schließlich bestimmt er in hohem Maße die zukünftige Rendite Ihrer Investition und das endliche Vermögen, das Sie Ihrem Nachwuchs werden übergeben können. Schauen wir uns also einmal die wichtigsten Wirtschaftsregionen der Welt mitsamt der dort einflussreichsten Aktienindizes an.

Was sind Indizes überhaupt?

Ein Index bildet ganz profan die Kursentwicklung eines bestimmten Marktsegments ab und zeichnet damit die Entwicklung für einen bestimmten Bereich nach. Mithilfe eines Index können Analysten und Anleger schnell erfassen, in welche Richtung sich eine bestimmte Branche, ein bestimmtes Land oder eine bestimmte Region gerade entwickelt.

Je nach Index werden die darin enthaltenen Wertpapiere unterschiedlich gewichtet. Eine mögliche Berechnung ist zum Beispiel der Quotient aus der Summe aller Aktienkurse und der Anzahl der Unternehmen. Der US-amerikanische Index Dow Jones wird auf diese Weise berechnet, was ihm allerdings nicht wenig Kritik einbringt. Den meisten Indizes liegt die Berechnung zugrunde, für jeden enthaltenen Aktientitel das Produkt aus der Zahl der frei gehandelten Aktien und dem Kurswert zu berechnen, also die Marktkapitalisierung festzustellen, und die einzelnen Aktien ihrem auf diesem Weg errechneten Börsenwert nach zu sortieren. Mehr als 10 Prozent eines Index darf ein einzelner Titel allerdings nicht ausmachen. Dies nennt man »Kappungsgrenze«. Der Deutsche Aktienindex DAX wird auf diese Weise berechnet, aber auch viele verschiedene andere bedeutende Indizes.

Ein weiteres wichtiges Kriterium bei der Wahl des passenden Index besteht in der Frage, ob es sich um einen Kurs- oder um einen Performance-Index handelt. Ein Kursindex hat den Schönheitsfehler, dass ausgeschüttete Dividenden nicht in die Berechnung einbezogen werden. Es gelten hier ausschließlich die reinen Aktienkurse. Die meisten Indizes, wie auch der Dow Jones, der S&P 500 und der britische FTSE 100, arbeiten auf diese Weise. Der DAX und einige wenige andere jedoch sind Performance-Indizes, bei deren Berechnung die Dividendenausschüttungen der Unternehmen berücksichtigt werden. Performance-Indizes steigen in guten Börsenphasen dementsprechend stärker an als reine Kursindizes.

Die Zahl der Aktienindizes weltweit ist kaum zu überblicken. In jedem Land, in dem der Aktienhandel bekannt ist, werden auch Aktienindizes geführt. Hinzu kommen viele verschiedene Spezialindizes, die als Benchmark für bestimmte Branchen dienen, sowie Indizes für Rohstoffe und Anleihen. Da ETFs wie oben beschrieben in ihrer ursprünglichen und gesunden Fassung das Ziel verfolgen, einen bestimmten Index möglichst genau zu replizieren, möchte ich Ihnen im Folgenden ein paar der Indizes darstellen, die für die weltweit gehandelten ETFs am wichtigsten sind.

Vorab sollten Sie sich darüber im Klaren sein, dass ein jeder Index niemals eine völlig neutrale, objektive Instanz darstellen kann. Hinter jedem Index steckt ein Anbieter, der ähnlich wie ein Fondsmanager regelmäßig Anpassungen vornimmt.

Deutschland

Der an der Frankfurter Börse geführte DAX vereint die 30 bedeutsamsten deutschen Aktienwerte, wie zum Beispiel die Deutsche Bank, Siemens oder Daimler. Wie oben beschrieben, wird der DAX als Performance-Index nach Marktkapitalisierung, also dem Börsenwert seiner Mitglieder, berechnet und mit einer Kappungsgrenze versehen.

Der MDAX ist, wenn man so will, die Zweite Liga an der Frankfurter Börse. Das »M« steht hier für »Midcap« beziehungsweise »Middlecapitalization«, das heißt für eine mittelgroße Marktkapitalisierung oder anders gesagt: für einen mittleren Börsenwert. Im MDAX werden die Papiere von 50 deutschen Unternehmen vereint, die in ihrer Marktkapitalisierung auf den MDAX folgen, zum Beispiel von Fraport, Fielmann oder Hannover Rück.

Ein Spezialfall ist der TecDAX. In ihm werden die 30 wichtigsten deutschen Technologieunternehmen geführt, die nach Marktkapitalisierung den 30 DAX-Unternehmen folgen. Nach dem Zusammenbruch der Dotcom-Blase – wir hatten sie in einem vorangegangenen Kapitel ausführlich behandelt – wurde der Neue-Markt-Index Nemax 50 in den Ruhestand geschickt und durch den TecDAX ersetzt. Die Palette des TecDAX ist recht bunt und reicht von Jenoptik über Nordex bis hin zu Carl Zeiss Meditec.

Europa

Die marktführenden 50 Unternehmen der Eurozone mit dem höchsten Börsenwert bilden den Euro Stoxx 50. Von ihm zu unterscheiden ist der Stoxx 50, in dem die Aktien der 50 größten Konzerne des gesamten europäischen Kontinents versammelt sind, unabhängig davon, ob in den betreffenden Ländern mit Euro gezahlt wird oder mit anderen Währungen.

Zuletzt hinkte die Kursentwicklung der beiden großen europäischen Indizes Stoxx 50 und Euro Stoxx 50 dem des Deutschen Aktienindex und des US-amerikanischen Dow Jones hinterher. Die Gründe dafür liegen sicherlich in den Staatsschuldkrisen der südeuropäischen Länder. Solche Unwägbarkeiten und politisch fabrizierten Problemstellungen schrecken Investoren natürlich ab. Dennoch konnte vor allem der spanische Index Ibex seit 2012 wieder deutlich zulegen.

Eine breitere Palette von immerhin 600 Aktien spiegelt der Stoxx Europe 600 wider. Hier kommen zahlreiche europäische Branchenindizes hinzu, wie zum Beispiel der Stoxx Europe 600 Automobile & Parts für die Automobil- und Zuliefererindustrie, der Stoxx Europe 600 Banks für Banken, der Stoxx Europe 600 Insurances für Versicherungen, der Stoxx Europe 600 Media für Unternehmen aus dem Mediensektor und viele weitere. Sie alle werden als Kursindizes geführt und gerne von branchenspezifischen ETFs nachgebildet.

Einen wohlwollenden Blick in Europas Norden erscheint der dänische Index OMX C20 wert. Trotz Finanzkrise konnte er eine stete positive Entwicklung verbuchen.

USA

Der Dow Jones, der im Jahr 1897 vom Verlagshaus Dow Jones ins Leben gerufen wurde, ist der Dinosaurier der Börsenwelt und bildet die 30 größten US-Industriepapiere ab. Im Dow Jones sind Unternehmen wie Microsoft, Wal-Mart und Coca-Cola gelistet.

Nicht zuletzt auch der Deutsche Aktienindex DAX ist in seiner Performance stark an den US-amerikanischen Dow Jones gekoppelt. In Boom- wie auch in Bust-Phasen reagiert der DAX dabei noch deutlich empfindlicher als sein US-Pendant. Nicht von ungefähr kommt die nicht ganz so junge Börsenweisheit: »Hustet der Dow, bekommt der DAX eine Lungenentzündung.«

Ich persönlich kann Ihnen den Dow Jones als Benchmark nicht empfehlen. Gerade bei ETFs gilt es, marktbreit anzulegen. Und ausgerechnet der international bedeutsamste Index, der Dow, führt nur 30 Titel und klammert wichtige Branchen, wie zum Beispiel die Versorger, komplett aus. Trotz seines Ruhms bildet er damit die US-Wirtschaft nicht einmal ansatzweise korrekt ab. Ihr Ziel als Anleger muss es gemäß unserer »Formel der Champions« sein, so wenig Zeit wie möglich mit dem Management Ihrer Investments zu verschwenden. Dazu ist es aber notwendig, möglichst marktbreit zu investieren. Der Dow Jones wird Ihnen hier mit seinem spitzen Fokus und seiner obendrein altmodischen Berechnungsweise nicht weiterhelfen.

Kaum jemand mag ernsthaft bestreiten, dass die US-amerikanischen Großkonzerne heute weiterhin die Spitzenrolle in der Weltwirtschaft einnehmen. Gerade die IT-Konzerne wie Apple, Google oder zuletzt auch Netflix dominieren ihre Branchen. Hinzu gesellen sich etablierte Größen anderer Sektoren wie Exxon Mobil als Ölförderer. Allein Google, Apple und Exxon erwirtschaften Jahr für Jahr höhere Gewinne, als alle DAX-Unternehmen gemeinsam an Umsätzen ausweisen können.

Dazu gesellt sich noch der Nasdaq 100, die wichtigste Benchmark für Technologieaktien überhaupt. 100 US-amerikanische IT-Konzerne, deren Papiere auch an der gleichnamigen Börse »Nasdaq« gehandelt werden, sind hier erfasst.

Institutionelle Anleger, also die Händler der großen Finanzhäuser, ziehen allerdings den US-amerikanischen Index S&P 500 dem Dow Jones und dem Nasdaq 100 vor. Schließlich bildet er neben den Großkopferten auch viele Mittelständler ab. Dementsprechende Bedeutung besitzt der S&P 500 auch für viele ETFs. Eine große Anzahl passiv gemanagter Fonds bildet in der einen oder anderen Form diesen US-Index nach.

Asien

Während der Dow Jones die Richtung für alle europäischen Indizes vorgibt, zeigt sich der japanische Nikkei, der 225 japanische Unternehmen führt, hier schon weitaus unabhängiger. Hier finden Sie Aktien von insgesamt 225 Unternehmen, darunter sehr renommierte Namen wie Sony, Casio und Toshiba. Er ist wie der Dow Jones ein reiner Kursindex und war bis zur Finanzkrise des Jahres 2007 ein aufstrebender Superstar in den Augen vieler Analysten. 20.000 Punkte seien auch langfristig ohne Weiteres möglich, glaubten nicht wenige Experten. Doch wer auf sie hörte, wurde im Herbst 2007 schwer enttäuscht. Die Immobilien-, Finanz- und anschließende Staatsschuldenkrise drückt die Stimmung an den japanischen Börsen bis heute.

Und die japanische Geldpolitik selbst trägt daran eine gehörige Portion Schuld. Unter Premierminister Shinzō Abe wurde auch in Yen eine wahre Papiergeldflut ausgelöst. Die Geldschwemme erzeugte kurzfristige nominale »Erfolge«. Der Nikkei stieg auf über 15.000 Punkte. Doch wie sich herausstellte, war das feucht-fröhliche Paddeln auf der Papiergeldwelle nie etwas anderes als ein tödlicher Ritt auf der Rasierklinge. Privatinvestoren ziehen sich bereits aus den sehr niedrig verzinsten Schuldverschreibungen zurück und bevorzugen Märkte, auf denen Zentralbanken etwas weniger stark wüten – das bleibt nicht ohne Auswirkung auf die japanischen Aktienmärkte.

Wenn Sie dennoch nicht vor Japan zurückschrecken, schauen Sie sich bitte auch den TOPIX an. Dieser Index setzt sich aus nahezu 1.400 japanischen Aktien zusammen und gilt daher als weitaus aussagekräftiger als der Nikkei.

Schwellenländer

Die Euphorie über die Entwicklung der BRICS-Staaten (Brasilien, Russland, Indien, China und Südafrika) hat sich merklich eingetrübt. Die Erwartungen der Analysten konnte keiner der früheren Hoffnungsträger wirklich erfüllen. Bis auf China, wo es seit 2015 auch kriselt, befindet sich keine der Volkswirtschaften noch auf einem ungebremsten Wachstumskurs. Die Schwellenländer sind extrem abhängig von Rohstoffen wie Öl, Gas, Erzen und Edelmetallen. Dementsprechend fielen mit den Rohstoffpreisen auch die Umsätze der dortigen Unternehmen. Die ETFs, die auf Indizes aus den Schwellenländern setzen, hinken somit den Fonds mit Wertpapieren aus den Industrieländern deutlich hinterher.

In China gilt der Hang Seng, ermittelt an der Hongkonger Börse, als wichtigste Benchmark. Für Sie als Anleger ist er von großem Interesse. Wie der Dow Jones und der Nikkei wird auch der Hang Seng als Kursindex berechnet, allerdings auf Grundlage der Marktkapitalisierung der Unternehmen gewichtet. Nach der euphorischen ökonomischen Entwicklung Chinas wird es in den kommenden Jahren sicherlich einige Nackenschläge für Investoren geben. Die Wachstumsraten werden zukünftig deutlich geringer ausfallen.

Und der russische Aktien-Index RTS zeigt, was passiert, wenn harte politische Interventionen die Freizügigkeit der Wirtschaft und des Handels einschränken. Seit Beginn des Ukraine-Konflikts und der folgenden Wirtschaftssanktionen im Juli 2014 verlor der RTS satte 50 Prozent. Investieren Sie in Russland, benötigen Sie wahrlich einen weiten Anlagehorizont. Schnelles Geld ist angesichts der Tiefpreise für Öl und andere Rohstoffe zumindest im kurzen Zeitfenster nicht zu erwarten, was sich zuletzt auch auf den Markt der entsprechenden ETFs auswirkte: Nicht nur schwellenländerspezifische ETFs wurden zu Beginn des Jahres 2016 massiv abgestraft, auch breiter aufgestellte Fonds konnten nicht mehr als Kursverluste berichten. Besonders hart traf es den ETF Lyxor China Enterprise (Wertpapierkennnummer A0F5BW), dessen Kurs zwischen April 2015 und März 2016 rund 43 Prozentpunkte verlor. Der gesamte chinesische Aktienmarkt ist trotz starker Kursrückgänge auch zu Beginn des Jahres 2016 noch sehr teuer. Im Schnitt weisen die großen chinesischen Titel ein Kurs-Gewinn-Verhältnis von 50 auf – einen nahezu dreimal höheren Wert als selbst die teuersten westlichen Märkte. Das Kurs-Gewinn-Verhältnis (KGV) gilt bei der Aktienbewertung als ein wichtiges Indiz dafür, ob eine Aktie teuer oder billig ist: Je höher das KGV, desto teurer die Aktie.

MSCI

Der US-amerikanische Finanzdienstleister Morgan Stanley Capital International, kurz MSCI, sammelt in seinem Aktienindex MSCI World 1.623 Aktien aus 23 Industrieländern der ganzen Welt. Einen breiter aufgestellten Index lässt sich derzeit kaum finden. Grundlage für die Aufnahme in den Index ist stets die aktuelle Marktkapitalisierung, also der Börsenwert des jeweiligen Unternehmens, wodurch sich ein leichtes Übergewicht an US-amerikanischen Titeln ergibt. Als Einstieg in die Welt der ETFs ist ein Indexfond auf Basis des MSCI World zu empfehlen.

Für die Schwellenländer bietet MSCI seinen Index MSCI Emerging Markets an. Die dort enthaltenen Aktien kommen zu 50 Prozent von Unternehmen aus Asien. Der Rest der Papiere stammt aus Südamerika, Osteuropa, Russland und Afrika.

Und der MSCI ACWI (All Countries World Index) schließt sowohl Industrie- als auch Schwellenländer ein.

Andere Indizes

Neben dieser großen Palette von Aktienindizes existieren natürlich auch Indizes für andere Assetklassen. Eine kleine Auswahl:

REX

Der Deutsche Rentenindex REX bildet als Kursindex den Markt für deutsche Staatsanleihen ab und führt 30 Anleihen und Schatzanweisungen mit einer Laufzeit von bis zu zehn Jahren. Lange Zeit und auch heute noch glauben viele Menschen, ein Staat könnte nicht pleitegehen und der Kauf seiner Schuldverschreibungen wäre somit eine sichere Anlage für das Alter. Auch Regierungen müssen sich früher oder später den Marktgesetzen beugen. ETFs, die den REX oder andere Indizes für Staatsanleihen nachbilden, sind daher lediglich in Maßen zu genießen.

Rohstoffe

Zwecks Berechnung von Rohstoff-Indizes werden Termingeschäfte, auch als »Futures« bezeichnet, herangezogen. Das sind standardisierte, börsengehandelte Verträge, die feste Liefermengen zu einem bestimmten Zeitpunkt in der Zukunft schon jetzt im Preis fixieren. Auf der Grundlage dieser Rohstoff-Futures werden auch diverse Rohstoff-Indizes berechnet.

Das Reuters/Jeffries Commodity Research Bureau verwaltet den Rohstoffindex CRB, mit dem es die Entwicklung von 19 verschiedenen Rohstoffen nachzeichnet. In der Auswahl des Index sind

Industriemetalle wie Aluminium, Nickel, Silber, Kupfer, Energieträger wie Erdöl, aber auch Agrargüter wie Mais, Sojabohnen oder auch Schweine zu finden.

Gewichtet nach den jährlichen Handelsumsätzen führt der S&P GSCI 24 verschiedene Rohstoffe. Diesen Index gibt es in unterschiedlichen Varianten, mit und ohne Energieträger wie auch ausschließlich für Metalle oder Agrarrohstoffe oder andere Rohstoffklassen.

In jeder Form sind Rohstoffinvestments immer mit einem großen Risiko verbunden. Die Preise für alle Rohstoffe sind sehr volatil, sie schwanken also stark.

Wir haben gesehen: Es ist keineswegs so, dass Sie als ETF-Anleger blindlings einen Fonds herauspicken sollten. Natürlich spielt die Zeit für Sie und für Ihre Kinder eine entscheidende Rolle. Das aufgebaute Vermögen wird schließlich erst in einigen Jahren benötigt. Ihr Anlagehorizont ist weit. Doch eine gewisse Vorsicht sollten Sie auch heute schon walten lassen. Niemand kann wissen, ob sich die Schwellenländer in den kommenden 20 Jahren wirklich wieder berappeln werden. Wer weiß schon, ob China und Japan die Macht ihrer Zentralbanken zurückschrauben können? Gleiches gilt natürlich auch für die westlichen Staaten. Die Zukunft ist und bleibt ungewiss. Es geht nicht darum, dass Sie einen Totalverlust erleiden werden. Diese Wahrscheinlichkeit ist sehr gering aufgrund des weiten Anlagehorizonts. Es geht hier vielmehr um die Psychologie. Können Sie es seelisch verkraften, in instabilen und dementsprechend volatilen Märkten zu investieren? Können Sie die Nerven behalten, wenn der Kurs der ETFs, die Sie später mal Ihrem Nachwuchs weitergeben möchten, über Monate oder gar Jahre ins Minus stürzt?

Letztendlich müssen Sie selbst über die konkrete Geldanlage entscheiden. Doch genauso wie einerseits die Experten- und Wissens-Illusionen drohen, droht andererseits seelische Pein aufgrund schwacher Nerven. Auf Experten weitgehend zu verzichten und den Vermögensaufbau für Ihren Nachwuchs in die eigenen Hände zu nehmen bedeutet, Freiheit zu erlangen, aber auch Verantwortung zu übernehmen.

Die ETF-Anlageklassen

Genauso wie zahlreiche Indizes für viele verschiedene Anlageklassen existieren, wurden und werden auch ETFs für die einzelnen Klassen aufgelegt und verwaltet.

Der Klassiker der ETFs sind sicherlich die Aktien-ETFs, die einen der oben beschriebenen großen länderspezifischen Aktienindizes nachbildet. Hier sind beispielhaft der iShares DAX (WKN 593393) oder der db x-trackers MSCI Brazil (WKN DBX1MR) zu nennen.

Hinzu kommen ETFs, die größere Regionen oder auch die ganze Welt im Blick haben, beispielsweise der Comstage ETF FR Euro Stoxx 50 (WKN ETF054), der Lyxor ETF MSCI AC Asia-Pacific Ex Japan (WKN LYX0AB) oder der Source MSCI World ETF (WKN A0RGCS).

Es existieren allerdings noch weitaus spitzer fokussierte ETFs. Mit den sogenannten Sektoren-ETFs können Sie als Anleger auch in Indexfonds investieren, die sich lediglich auf eine bestimmte Branche konzentrieren. Vor allem die Branchen der Industrieländer sind hier bislang sehr gut abgedeckt, es existieren aber auch vereinzelt Sektoren-ETFs für die Schwellenländer. Auf diese Weise können, ähnlich wie beim Kauf einer Einzelaktie, auch gezielte Strategien verfolgt werden. Der iShares Euro Stoxx Banks (WKN 628930) bildet zum Beispiel den Euro Stoxx Banks Index ab.

Neben den Aktien-ETFs erfreuen sich, ich hatte es oben bereits angedeutet, auch die Renten-ETFs weiterhin großer Beliebtheit. Auch im Bereich der Staatsanleihen existieren mittlerweile neben breit aufgestellten auch sehr spezifisch zusammengestellte Indexfonds. Während zu Anfang noch Indizes größerer Regionen repliziert wurden, konzentrieren sich die Portfoliomanager heute mehr und mehr auch auf einzelne Länder der industrialisierten Welt.

Da die Renditen für Staatsanleihen in den letzten Monaten und Jahren in den Keller rauschten, wenden sich mehr und mehr Anleger den ETFs für Unternehmensanleihen zu. Ein Beispiel ist hier der iShares Markit iBoxx Euro Corporate Bond (WKN 251124), der den iBoxx EUR Liquid Corporates Index nachbildet, der wiederum aus 40 europäischen Unternehmensanleihen besteht.

Ein wichtiges Unterscheidungskriterium stellen bei Renten-ETFs die Laufzeiten der darin enthaltenen Anleihen dar. Der recht beliebte Renten-ETF eb.rexx Government Germany (WKN 628947) versammelt beispielsweise deutsche Staatsanleihen mit Laufzeiten 1,5 bis 2,5 Jahren. Aber auch an den Ratings, also den Einschätzungen in Bezug auf die Zahlungsfähigkeit der Anleihe-Emittenten, kann sich der geneigte Anleger orientieren. So existieren Indexfonds für Staatsanleihen mit AAA-Bonität für sicherheitsbewusste Investoren und der ETFs wie der iShares Euro High Yield Corporate Bond (WKN A1C3NE), der einen Index nachbildet, in welchem europäische Unternehmensanleihen vertreten sind, deren Rating schlechter als BBB- ist.

Neben den Aktien- und Anleihe-ETFs bilden die ETCs, also die oben beschriebenen Exchange Traded Commodities, die dritte bedeutende Anlageklasse. In Deutschland stellen diese Rohstoff-Zertifikate heute bereits den meistgewählten Weg zur Investition in Rohstoffe dar. Nicht zu verwechseln mit den ETCs sind die Rohstoff-ETFs, die nicht direkt in Rohstoffe investieren, sondern mithilfe von Swaps versuchen, die Preisentwicklung des jeweiligen Rohstoffs nachzuahmen.

Des Weiteren existieren ETFs, die sich auf Minengesellschaften konzentrieren und über diesen Umweg versuchen, die Preisentwicklung eines Rohstoffs abzubilden. Allerdings verlaufen die Preise für Rohstoffe und die Kurse der entsprechenden Minenaktien nur selten parallel, was die Abbildung des Rohstoffpreises über den Akteinweg deutlich erschwert. Zu den bekannten ETFs auf Aktien von Minengesellschaften gehören der ComStage NYSE Arca Gold Bugs (WKN ETF091) und der RBS Market Access NYSE Arca Gold Bugs (WKN A0MMBG).

Das Feld der Anlageklassen und jeweils passenden ETFs ist natürlich noch weitaus weiter, als es hier angeschnitten werden konnte. Damit der Vermögensaufbau für Ihren Nachwuchs nicht scheitert und Sie als Anleger unsere »Formel der Champions« auch wirklich effizient umsetzen können, werde ich Ihnen im Folgenden die entscheidenden Vor- und Nachteile der Exchange Traded Funds darlegen. Zunächst werde ich Ihnen verdeutlichen, warum ETFs das ideale Werkzeug darstellen, um möglichst wenig Zeit mit einer erfolgreichen Anlagestrategie zu verbringen. Danach werde ich Ihnen aber auch die Risiken und Fallstricke der ETFs verdeutlichen. Denn nur wenn Sie diese erkennen, werden Sie unsere Anlagephilosophie wirklich umsetzen, die klassischen Illusionen der Privatanleger vermeiden und die Chance auf einen wirklichen Vermögensaufbau für Ihre Kinder kreieren können.

Die Vorteile der ETFs

Exchange Traded Funds bieten Ihnen zunächst zwei ganz entscheidende Vorteile. Zum einen können Sie Ihr Investment, auch bei kleinen Beträgen, breit streuen und eine sehr hohe Diversifikation erreichen. Kaufen Sie zum Beispiel Anteile an einem den MSCI World Index nachbildenden ETF, partizipieren Sie dank einer einzigen Transaktion an der Zukunft von mehr als 1.600 weltweit agierenden Unternehmen. Gleichzeitig werden ETFs an der Börse gehandelt und Sie können Anteile jederzeit kaufen und verkaufen. Für Transaktionen besteht weder eine Mindestgröße, noch sind die Stückzahlen vorgegeben, die gehandelt werden müssen. Sie bleiben liquide und können Ihr Engagement für den Vermögensaufbau Ihrer Kinder jederzeit an Ihre aktuelle Lebenssituation anpassen. Sie sind nicht an Verträge gebunden. Sie haben keinerlei Verpflichtungen gegenüber Dritten. Sie können sich voll und ganz auf Ihre Verantwortung gegenüber Ihrem Nachwuchs konzentrieren.

Langfristig aber werden Sie den Kostenvorteil auf Ihrer Seite haben, wenn Sie statt in aktiv gemanagte Fonds in ETFs investieren. Der Manager eines aktiv gemanagten Fonds und seine Mitarbeiter müssen sich ständig um Unternehmenszahlen, Konjunkturdaten und Fragen der Gewichtung ihres Fonds sorgen und benötigen dafür viel Arbeitszeit, die die Anleger dementsprechend hohe Gebühren kostet. Der Managementaufwand für passiv gemanagte Indexfonds ist bei Weitem geringer und fällt dementsprechend auf der Kostenseite weniger ins Gewicht. Zudem entfällt beim Kauf der Ausgabeaufschlag.

Ein weiterer Vorteil liegt in der Transparenz der ETFs. Während Manager von aktiv gemanagten Fonds lediglich zum Quartalsende ihr Portfolio aufschlüsseln müssen, wissen ETF-Investoren jederzeit, wie ihr Geld angelegt ist. Zum einen geben die Verwalter von ETFs tagtäglich Bescheid über die Zusammensetzung ihrer Fonds. Zum anderen können alle Handelsdaten, also Preise und Volumen, auf den Internetseiten der emittierenden Gesellschaften eingesehen werden. Und zudem kann jeder Interessent jederzeit den iNAV (»Indicative Net Asset Value«) eines ETFs, der minütlich neu berechnet wird, auf den einschlägigen Internetseiten einsehen. Der iNAV beziffert das Fondsvermögen als Näherungswert, basierend auf den Kursen der einzelnen Aktien im jeweiligen Portfolio.

Exchange Traded Funds sind in besonderer Weise vor einem Totalverlust abgesichert, da sie juristisch betrachtet zum Sondervermögen der emittierenden Fondsgesellschaft gehören und somit bei einer Insolvenz der Gesellschaft nicht in die Konkursmasse einfließt und somit auch nicht zur Begleichung von Schulden herangezogen werden kann.

In jedem Falle profitieren Sie als Anleger auch von Gewinnausschüttungen. Bei ETFs auf einen Performance-Index, wie dem DAX zum Beispiel, fließen die Dividenden direkt in die Kursentwicklung ein. Hier spricht man von thesaurierenden ETFs. Bei einem ETF auf einen Kursindex wie dem Dow Jones werden die Dividenden meist einmal jährlich an die Investoren ausgezahlt. Dies sind ausschüttende ETFs. Anders als bei aktiv gemanagten Fonds haben Sie hier keine Wahlmöglichkeit. Denn ein jeder ETF strebt stets danach, seinen jeweiligen Benchmark, den Index, so genau wie nur möglich nachzubilden. Und genau deshalb kommt es auf den replizierten Index an, ob der zugehörige ETF Dividenden ausschüttet oder reinvestiert.

Und natürlich bieten sich Exchange Traded Funds ideal zur Umsetzung unserer »Formel der Champions« an. Mit ETFs im Depot haben Sie einen unschlagbar geringen Beobachtungs- und Verwaltungsaufwand. Haben Sie Anteile an einem ETF auf einen gängigen Index, den DAX, den Dow Jones oder den S&P 500, gekauft, genügt bereits ein kurzer Blick in die Börsennachrichten, um den aktuellen Stand zu erfahren. Sie als Anleger profitieren von der langfristigen Entwicklung der Weltwirtschaft, wenn Sie zum Beispiel Anteile an einem auf dem MSCI All Country World Index basierenden ETF kaufen. Und dazu müssen Sie nicht einmal einen Bruchteil der Zeit aufwenden, die nötig wäre, um ein international breit diversifiziertes Aktien-Portfolio zu verwalten. Den gleichen Aktienbestand, wie er im MSCI All Country World Index vertreten ist, als Privatanleger manuell zu managen, würde gar an Hochmut grenzen. Und die kommt bekanntlich vor dem Fall. ETFs bilden also auch eine wunderbare Gelegenheit, der Wissens-Illusion ein Schnippchen zu schlagen. Einen guten ETF kaufen Sie einmal, lassen ihn lange Jahre liegen und Ihre Kinder ernten dann die Früchte Ihrer Geduld und Nervenstärke. Der weite Anlagehorizont macht es möglich.

Die Risiken der ETFs

Doch bei aller Freude über Exchange Traded Funds als wahrhaft gelungenes Werkzeug zum Vermögensaufbau Ihrer Kinder wollen wir auch die Risiken dieses Finanzproduktes nicht unter den Tisch fallen lassen.

Zunächst sollten Sie natürlich bedenken, dass vor allem breit aufgestellte ETFs sehr sensibel auf die Lage und Entwicklung der allgemeinen Welt- und Finanzwirtschaft reagieren. Denn ETFs bilden die Performance eines Index, abgesehen vom Tracking Error, immer eins zu eins ab. In den Jahren 2008 und 2009 wären Sie also mit einem ETF nicht wirklich gut gefahren. Schließlich geben Sie mit einem ETF immer Vollgas. Das Fondsvolumen wird immer zu 100 Prozent investiert, in Crash- genauso wie in

Boom-Phasen. Während Manager eines aktiv gemanagten Fonds auch gerne einmal viel Geld in ihrer Kasse liegen lassen, um in günstigen Phasen schnell reagieren, einsteigen und nachkaufen zu können, sind Indexfonds immer voll engagiert. In guten Zeiten ist dies ein Vorteil. Doch in schlechten Zeiten wird sich dies als Nachteil erweisen.

Auch wenn Sie einen Branchenindex zur Investition erkoren haben und die betreffende Branche gerade in einem Tief steckt, wird Ihr ETF Verluste machen, da er einen gewissen Durchschnitt der Branche repliziert. Auf kurz- und mittelfristige Täler müssen Sie sich seelisch vorbereiten. Solch schlechte Zeiten können durchaus einige Monate und sogar Jahre andauern. Der Nachteil der »Formel der Champions« ist es eben, nicht haargenau auf jede Krise reagieren zu können. Und da seit einigen Jahren verstärkt Computer miteinander an den Börsen handeln, kann es mitunter recht turbulent werden. In einem volatilen Umfeld kann der moderne Hochfrequenzhandel, bei dem immer mehr wenige Trader aus Fleisch und Blut eingreifen, zu einem starken Abwärtssog führen, wenn ein Stop-Loss-Kurs, in gewisser Weise eine Reißleine, nach dem anderen erreicht wird. Ist ein Stopp-Loss durch fallende Kurse erst erreicht oder unterschritten, löst das neue Verkäufe aus. Den ETFs selbst wird dabei eine verstärkende Wirkung zugesprochen, da sie Kursabfälle der Indizes eins zu eins nachahmen und dabei in der Vergangenheit immer wieder auch Handelsstopps an den Börsen provozierten. Allerdings ist das in ETFs gehaltene Vermögen noch so gering, gemessen an der Marktkapitalisierung anderer Anlageformen, dass die bereits angedachten Reformen der Handelsvorschriften sicherlich Wirkung zeigen werden. An diesem Punkt zeigt sich, wofür ETFs erschaffen wurden: für die langfristige Geldanlage. So sollten Sie es auch halten. Sie diversifizieren, kaufen Anteile an Exchange Traded Funds, lassen diese Anteile liegen und Ihre Kinder werden nach 20 oder mehr Jahren die Rendite einstreichen. Die Kurstäler zwischendurch auszuhalten obliegt Ihnen. Niemand kann Ihnen diese Verantwortung abnehmen. Aber mit Verantwortung kennen Sie sich als Vater, als Mutter doch aus ...

Die größten aller Marktrisiken liegen generell immer in der Politik der Regierungen und Zentralbanken begründet. Regierungswechsel, Änderungen im Steuerrecht, neue Regulierungen und diplomatische Verstimmungen können einen großen Einfluss auf die weltweiten Finanzmärkte entfalten. ETFs korrelieren aufgrund ihrer Nähe zum Index sehr stark auch und besonders mit solchen politischen Entwicklungen. Wenn beispielsweise eine sozialistische Regierung die Geschäfte in Neuseeland übernähme, hätte dies sicherlich negative Folgen für den Aktienindex New Zealand Exchange. Und der ETF New Zealand Top 50 würde sicherlich an Wert verlieren.

Die Politik der Zentralbanken beeinflusst die Inflation. Je nach Grad der Geldmengenerweiterung, vor allem angetrieben vom durch die Zentralbank vorgegebenen Leitzins, können Aktienkurse rasant steigen oder fallen. Die Geldmengenerweiterung bestimmt die Inflation, die Sie als Anleger stets im Hinterkopf behalten sollten. Denn die Inflation ist ein wahrer Renditekiller.

Neben dem Inflationsrisiko besteht häufig auch ein Währungsrisiko, da sich die Fondswährung und die Handelswährung durchaus nicht selten unterscheiden. Die Fondswährung bezeichnet die Währung, in der der Fonds investiert und zu der die Wertpapiere im Fonds bewertet werden. Ein ETF auf einen US-Index wird seine Aktien beispielsweise in US-Dollar kaufen. Auf der anderen Seite bezeichnet die Handelswährung die Währung, in welcher der ETF gehandelt wird, in der Euro-Zone also in Euro. Je nach Entwicklung der Devisenkurse kann der ETF von der Wertdifferenz zwischen der Fonds- und der Handelswährung profitieren, aber durch sie auch verlieren. Ein naheliegendes Beispiel ist hier der sehr breit diversifizierte MSCI World Index, der Aktien aus mehr als zehn verschiedenen Währungsräumen zusammenfasst.

Ein eher theoretisches Risiko besteht darin, dass eine emittierende Fondsgesellschaft den Benchmark ihres ETFs, also den nachzubildenden Index, wechselt. Juristisch ist dies möglich, wenn der Emittent eine gewisse Ankündigungsfrist einhält. In der Praxis ist dies bislang nur selten vorgekommen. Sollten Sie davon betroffen sein, müssen Sie allerdings unbedingt prüfen, ob der neue Benchmark Ihren Erwartungen und Einschätzungen entspricht.

Ebenso ist es möglich, dass der Emittent den Indexfonds schließt oder mit einem anderen Produkt aus seinem Haus fusioniert. Wenn ein Fonds aus Sicht der Gesellschaft zu geringe Erträge abwirft, kann eine solche Schließung oder Fusion durchaus veranlasst werden. Doch in einem solchen Fall verlieren Sie nicht das eingesetzte Kapital. In der Regel kauft der Emittent die Anteile der Investoren zum Nettoinventarwert zurück oder tauscht sie in gleichwertige Anteile an einem durch die Fusion entstandenen neuen ETF. Dabei kann es durchaus sein, dass die Investoren aktuelle Verluste, die bislang nur rote Zahlen im Depot darstellten, realisieren müssen.

Womit ich zu dem aktuell wohl bedeutungsvollsten Problemkomplex der Exchange Traded Funds komme: den Derivaten. Das fängt an bei den auf Swaps basierenden ETFs. Wird ein Indexfonds nicht physisch repliziert, sondern seine Performance mittels einer Zahlungsvereinbarung zwischen der emittierenden Fondsgesellschaft und ihrem Swap-Partner nachgeahmt, besteht die Gefahr, dass ein Ausfall des Swap-Partners zu Verlusten des ETF führt. Wie aber bereits erwähnt, dürfen Fondsgesellschaften gemäß den Bestimmungen der OGAW-Richtlinie (Organ für gemeinsame Anlagen in Wertpapiere) höchstens 10 Prozent des Nettoinventarwertes eines Fonds mit solchen Derivategeschäften abbilden. Das Ausfallrisiko ist damit gleichsam auf 10 Prozent der Investoreneinlagen begrenzt.

Auch leihen viele Fondsmanager physisch replizierender ETFs Wertpapiere häufig an große institutionelle Anleger, wie zum Beispiel Lebensversicherungen, aus, die diese Papiere dann oft für Leerverkäufe, grob gesagt für Wetten auf fallende Kurse, nutzen. Dank dieser Leihgeschäfte ist es den Fondsmanagern einerseits möglich, sogar einen positiven Tracking Error, also eine bessere Rendite als der abgebildete Index, zu erwirtschaften, andererseits entstehen durch die Leihgeschäfte ebenfalls nicht unerhebliche Ausfallrisiken für den Fonds. Mittlerweile sind viele Gesellschaften dazu übergegangen, detaillierte Informationen über ihre Leihgeschäfte im Internet zu veröffentlichen und auch nur noch einen begrenzten Anteil ihrer Wertpapiere an Dritte zu verleihen.

Aufgrund der steigenden Beliebtheit von ETFs, der wachsenden Produktpalette und des aggressiver werdenden Preiskampfes unter den Emittenten lassen sich die großen Anbieter immer mehr Produkte einfallen. Stetig kommen dabei auch ETFs auf den Markt, die nur mit allerhöchster Vorsicht genossen werden sollten. Fonds der oben bereits beschriebenen Variante »Smart Beta« gehören sicherlich dazu. »Smart« hört sich zwar immer gut an, doch Fakt ist: Solche Fonds brechen mit den klassischen ETF-Regeln und unterlaufen damit genau die Prinzipien, die Exchange Traded Funds für den Privatanleger eigentlich so wertvoll machen. Denn die Manager der »Smart Beta«-ETFs versprechen, sie könnten den Markt schlagen. Eine meist gefährliche, weil kostspielige Illusion, wie wir bereits gesehen haben. Wieder einmal tauchen Experten auf, die vorgeben, mehr zu können als andere, und damit zumeist danebenliegen. Der griechische Buchstabe »Beta« bedeutet in der Börsensprache schlicht »Abbildung der Wertentwicklung eines Aktienmarktes«. »Smart Beta« soll also eine intelligentere Art der Nachahmung sein. Klingt harmlos, bedeutet in der Realität aber eine Wette gegen den Markt. Und genau dies bringt in der Regel rote Zahlen, viel Ärger, Frust und eine geringe Lebensqualität. Beherzigen Sie meine »Formel der Champions«, dann lassen Sie lieber die Finger weg von solchen Instrumenten, die zwar das »ETF« im Namen tragen, mit der passiven Geldanlage aber nichts mehr zu tun haben.

Und Achtung! Der Wahnsinn ist an diesem Punkt noch lange nicht vorbei. Um das Markt-Timing zu optimieren und jederzeit den angeblich gerade besten Mix aus unterschiedlichen Anlagestrategien bieten zu können, bringen einige Anbieter mittlerweile sogenannte »Multi-Faktor-ETFs« auf den Markt – eine vermeintliche Wunderformel. Solche ETF-Konstrukte sind wahrlich nicht mehr verständlich und dazu noch sehr teuer. Oft betragen die entsprechenden Gebühren ein Vielfaches dessen, was für einen klassischen, gesunden ETF gezahlt werden muss. Lassen Sie bitte die Finger von solcherlei vermeintlichen Zauberfonds!

Zum Abschluss dieses Kapitels sei noch gesagt: Jede Geldanlage bietet immer und überall Risiken und Chancen. Kein Finanzprodukt kann Sie vor einem Verlust absichern. Und je höher die Rendite, die Sie für Ihre Investments anvisieren, desto höher ist auch Ihr eigenes Risiko und oft auch die Volatilität, die Schwankungsbreite im Laufe der Zeit, die Ihre Anlage mit sich bringt. Eine zu 100 Prozent sichere Anlage existiert genauso wenig wie ein Investment ohne Nervenflattern. Allerdings wird Ihnen die »Formel der Champions« in Kombination mit breiten Investments durch klassisch arbeitende Exchange Traded Funds den Vermögensaufbau für Ihre Kinder so leicht wie möglich machen.

Die Zukunft der ETFs

Es ist davon auszugehen, dass sich die Branche der Exchange Traded Funds auch in Zukunft eines starken Wachstums erfreuen wird. Gerade Privatanleger, die den antiquierten Arten der bisherigen Beratung, den Banken und großen Finanzinstituten den Rücken kehren und ihre Investments weitgehend selbst in die Hand nehmen, werden die vielen Vorteile der ETFs zu schätzen wissen.

Heute schon ist ein klarer Trend in Richtung Honorarberatung bei der Gestaltung von ETF-Portfolios zu erkennen. Und die Emittenten konzentrieren sich immer mehr auch auf die Erschließung kleiner Märkte, der Emerging Markets, und die Nachbildung der entsprechenden Indizes dieser Länder und Branchen.

Doch werkeln sie, wie ich es bereits als Risiko angedeutet habe, bereits eifrig an vielfältigen ETF-Konstruktionen, die nur noch wenig mit dem ursprünglichen Konzept des passiven Investierens per Indexfonds zu tun haben. Angefangen mit den brisanten »Smart Beta«-ETFs wird es in Zukunft noch viele weitere Fonds geben, deren Manager versuchen werden, den Markt mit ausgeklügelten Strategien und Swap-Varianten in kleinen Nischen exotischer Länder zu schlagen. Geschuldet ist dies dem wachsenden Kundeninteresse, dem ungeheuren Preisdruck auf dem Gebiet der klassischen ETFs und dem Wunsch, der Konkurrenz ein Schnippchen zu schlagen.

Sie als Anleger sollte dies aber nicht bekümmern. Die klassischen ETFs, die verlässliche Indizes physisch oder auch synthetisch replizieren, ohne dabei der gefährlichen Wissens-Illusion zu unterliegen, existieren weiterhin. Auch ihre Zahl wächst. Sie können also den Markt der ETFs nach simplen Kriterien filtern und auch in Zukunft solide Exchange Traded Funds finden, die ideal für den zeitsparenden Vermögensaufbau Ihres Kindes geeignet sind. Welche Kriterien dies sind und wie Sie die »Formel der Champions« mit ETFs umsetzen, werde ich Ihnen im großen Kapitel »Die Strategie Schritt für Schritt umgesetzt« zeigen.

Sparpläne

Ein besonders wichtiges Werkzeug, das Sie benötigen, um an der Börse langfristig anzulegen, sind Wertpapiersparpläne. Dank dieser Sparpläne ist es Ihnen möglich, das Vermögen Ihrer Kinder auch mit kleinen monatlichen Beträgen ab 25 Euro zu nähren – ein ganz wichtiger Punkt, wenn Sie, wie ich, mit einem nur minimalen Eigenkapital in das Projekt »Vermögensbildung fürs Kind« starten.

Und auch Sparpläne werden in Deutschland immer beliebter. Zwischen 50 und 200 Euro legt jeder zweite Deutsche monatlich über diese Anlageform an – allerdings nicht in Wertpapiere, sondern immer noch meist in unrentable Banksparpläne, wo das Geld auf schlecht verzinste Festgeld- und Sparkonten fließt. Die Deutschen machen seit dem Platzen der New-Economy-Blase einen großen Bogen um Aktien. Auch entsprechende Fonds- oder Aktiensparpläne lassen sie links liegen.

Dabei bieten diese mehrere Vorteile zugleich. Sparpläne sind sehr flexibel und lassen sich schnell an die aktuelle Lebenssituation anpassen. Sparer können das Besparen auch mal einige Monate aussetzen, wenn gerade Ebbe in der Kasse ist, ein Jobwechsel ansteht oder unaufschiebbare, kostenintensive Anschaffungen zu tätigen sind. Aber auch, wenn Sie sich über einen ungeahnten Geldregen freuen können, lässt sich der Sparplan über eine Erhöhung der monatlichen Rate schnell anpassen.

Der wichtigste Vorteil jedoch, den ein Sparplan bietet, hört auf den schnöden englischen Begriff »Cost-Average-Effekt«. Besparen Sie einen Sparplan über viele Monate und Jahre mit der immer gleich hohen Monatsrate, werden Sie in Zeiten niedriger Kurse mehr Wertpapiere und in Zeiten hoher Kurse weniger Wertpapiere kaufen. Die an Börsen so typischen und teils nervenaufreibend hohen Kursschwankungen werden auf diese Weise abgefedert. Risiken werden reduziert. Durch regelmäßige Einzahlungen über einen langen Zeitraum kaufen Sie Ihre Aktien oder Fondsanteile zu einem relativ günstigen Durchschnittskurs. Demgegenüber könnten Sie zwar, falls Sie eine größere Geldsumme auf einmal investieren, einen günstigen Zeitraum erwischen und dementsprechend von steigenden Kursen profitieren. Auf der anderen Seite steigt mit einer solchen Großanlage aber auch das Risiko eines zu teuren Einstiegs. Wenn die Kurse fallen, werden Ihre Verluste umso größer. Nicht von ungefähr freuen sich erfahrene Investoren über Kursrückschläge. Diese sind wunderbare Gelegenheiten, um gute Wertpapiere zu günstigen Preisen zu kaufen. Mit einem Sparplan werden Sie automatisch von diesen Gelegenheiten profitieren, ohne dass Sie jeden Tag die Börsennachrichten verfolgen müssen.

Das regelmäßige Besparen eines Sparplans ist damit ein wesentlicher Bestandteil des soliden Vermögensaufbaus an der Börse.

Sparpläne werden natürlich nicht kostenlos angeboten. Die Banken wollen einen Obolus in Form der Ordergebühr. Kaufen Sie direkt bei den Fondsgesellschaften, werden noch höhere Ausgabeaufschläge fällig. Hinzu kommen jährliche Fondsgebühren von nicht selten 1,5 Prozent, die ebenfalls an der Langzeitrendite der Investition knabbern. Sparpläne auf ETFs sind hier schon weitaus günstiger. Die genauen Kosten der ETFs werde ich Ihnen später aufschlüsseln, wenn ich die Schritt-für-Schritt-Umsetzung der Strategie näherbringen werde, aber so viel sei an dieser Stelle bereits gesagt: Viele Direktbanken verzichten bei ausgewählten ETFs auf Gebühren, weil sie mit den Fondsgesellschaften kooperieren, die die betreffenden ETFs emittieren.

Hinsichtlich der Gebühren gilt jedoch: Je kleiner die regelmäßige Sparrate, desto stärker fallen die Ordergebühren ins Gewicht. Es kann sich hier durchaus lohnen, nicht monatlich zu sparen, sondern erst kleine Beträge auf einem Tagesgeldkonto anzusparen und dann nach einiger Zeit gebündelt zu investieren.

Insgesamt betrachtet ist der ETF-Sparplan ein unbedingtes Muss, wollen Sie für Ihre Kinder in den kommenden Jahren ein ordentliches Sümmchen ansparen und dabei Zeit sparen und Ihre Nerven schonen.

04

Ist es wirklich so einfach?

Zählen am langen Ende wirklich nur Geduld und starke Nerven?

Die Antwort ist ein klares »Ja«. Natürlich gab und gibt es immer wieder Trader oder Investoren wie Warren Buffett, die den Markt schlagen. Doch abgesehen von einer Handvoll absoluter Koryphäen ändert sich die personelle Zusammensetzung dieser Gruppe von Outperformern von Jahr zu Jahr aufs Neue. Wer wann eine höhere Rendite erzielt als der Marktdurchschnitt, ist zum größten Teil vom Zufall abhängig.

Fondsmanager und Trader aller Couleur und jeder Schule wollen dies berufsbedingt natürlich ganz anders sehen, doch die grundlegende Erkenntnis lautet: Ein aktiver Aktienhandel, der darauf ausgerichtet ist, überdurchschnittliche Renditen zu erzielen, baut zu großen Teilen auf Glück und Zufall und ist mit hohen Risiken verbunden – Risiken, die Sie als Erschaffer des finanziellen Vermögens Ihres Nachwuchses nicht eingehen sollten.

Passives Investieren hingegen, wie wir gesehen haben, idealerweise über einen ETF-Sparplan, unterlässt jeden Versuch, attraktive von weniger attraktiven Wertpapieren zu unterscheiden.

Anleger, die nicht Tag für Tag den Stand ihres Depots checken, können sich entspannt zurücklehnen. Sie investieren möglichst breit in den Aktienmarkt und geben sich mit der jeweiligen Marktrendite zufrieden. Sie müssen deutlich weniger Nebenkosten tragen und können daher jedes jährliche Renditeplus in großen Zügen genießen.

Machen Sie sich bitte nochmals eines klar: Wenn Sie an der Börse Geld anlegen, werden Sie zahlreiche Monate des Verlustes und lange Perioden fallender Kurse erleben. Es wird ein Auf und Ab geben. In kurzen Intervallen betrachtet sieht die Börse aus wie eine Achterbahnfahrt. Doch je länger die Betrachtungszeit, desto ruhiger wird die Strecke. Sie werden Geduld und starke Nerven benötigen, um die Ernte der langfristig positiven Entwicklung an den Aktienmärkten einfahren zu können. Ihr Kind hat noch viele Jahre vor sich. Ihr Anlagehorizont ist weit. Nutzen Sie also die Zeit.

Edelmetalle

Wir haben nun das Feld der Wertpapiere und vor allem den immer größeren werdenden Acker der Exchange Traded Funds abgeerntet. Doch eine effiziente Strategie zum Vermögensaufbau für Kinder wäre nicht vollständig, wenn Sie allein zukunftsoptimistisch auf eine stete Verbesserung der Weltwirtschaftslage und dementsprechend auf eine breite Investition in passiv gemanagte Indexfonds (ETFs) setzen würde. Sie wäre sogar äußerst naiv.

Die im Jahr 2007 geplatzte Hypothekenblase, der Zusammenbruch der Großbank Lehman Brothers im Herbst 2008 und die seitdem schwelende weltweite Staatsschuldenkrise lehren uns, dass unser Geldsystem auf tönernen Füßen steht. Es erscheint keinesfalls sicher, dass dieses System, das ganz wesentlich auf dem ungedeckten Emittieren immer neuen Geldes basiert, ewig funktionieren kann. In der Menschheitsgeschichte mussten immer wieder Staaten und Systeme pleitegehen, die ihr Geld nicht auf ein gesundes, weil sachwertgedecktes Fundament gestellt hatten. Und Sie sollten sich auch nicht sicher darüber sein, dass die Weltwirtschaft dem Fehler unseres Geldsystems so lange wird widerstehen können, bis Ihre Kinder 18, 20 oder gar 25 Jahre alt sind und Sie ihnen das bis dahin erarbeitete Vermögen überlassen können. Es kann niemals ausgeschlossen werden, dass das weltweit vorherrschende Geld- und Wirtschaftssystem in naher oder mittelfristiger Zukunft einer umfangreichen und tiefgreifenden Reform unterzogen werden muss.

Ich bin wahrlich kein Crash-Prophet. Meine Einstellung ist trotz allem sehr optimistisch in Bezug auf unser aller ökonomische, materielle und finanzielle Zukunft. Aber es wäre schlichtweg fahrlässig, sich und seine Kinder nicht für alle Eventualitäten abzusichern. Aktien sind Sachwerte. Sie dokumentieren und verbriefen das anteilige Eigentum an einem Unternehmen. Und ein Unternehmen wird, wenn es auf gesunden Füßen steht, auch allerlei Geld- und Wirtschaftsreformen überleben können. Ganz gleich in welcher Währung oder in welchem anderen Maßstab der Wert eines Unternehmens gemessen wird: Sein materieller Sachwert, seine wirtschaftliche Zukunftsperspektive, seine Mitarbeiter, deren Ideen und ihre Arbeitskraft, der ideelle Wert des Unternehmens für die Zukunft seiner Kunden – das alles bleibt bestehen ungeachtet der finanz- und geldpolitischen Gegebenheiten und Aussichten.

Aber dennoch: Sicher kann sich niemand sein. Und Sie sollten auch in dieser Hinsicht nicht der Wissens-Illusion zum Opfer fallen. Ganz gleich ob Crash-Prophet oder Rosa-Brille-Optimist: Beide sind auf ihre Weise selbsternannte Experten. Vertrauen

Sie Ihnen nicht. Hören Sie sich ihre Argumente an, aber fällen Sie dann Ihre eigenen Entscheidungen. Dies gilt, und hier wiederhole ich mich gerne, auch für dieses Buch.

Ich rate Ihnen dazu, einen gewissen Teil des für Ihre Kinder vorgesehenen Vermögens in Edelmetalle zu investieren. Und zwar in physische Edelmetalle, die Sie in Teilen zu Hause in einem eigenen Tresor, und in Teilen in einem Schließfach bei der Bank Ihres Vertrauens horten.

Während Exchange Traded Funds ein ideales Instrument für den effizienten Vermögensaufbau darstellen, bieten Edelmetalle einen zuverlässigen Schutz gegen die von der Geldpolitik der Zentralbanken angeheizte Inflation. Sie schützen auch vor einem nie auszuschließenden regionalen oder gar weltweiten Einbruch des Kapitalmarktes und Finanzsystems. Edelmetalle, wie Gold und Silber, sind knappe Rohstoffe, die seit Jahrtausenden schon als zuverlässige Wertspeicher gehalten werden und zunehmend auch in der modernen Industrie an Bedeutung gewinnen. Denken Sie nur einmal an die zahlreichen Legenden, Mythen und Sagen, die sich um Schätze von Gold drehen, denken Sie an die fieberhaften Versuche mittelalterlicher Alchimisten, Blei in Gold zu verwandeln. Und denken Sie an die Bedeutung des Goldes als Schmuck und Prestigeobjekt. Die Kursentwicklung dieser Edelmetalle an den Börsen bereitete zuletzt zwar wenig Freude, aber in Ihrem Portfolio werden Sie sie auch nicht zum Vermögensaufbau, sondern zur Vermögensabsicherung nutzen.

Denn zumeist ist Folgendes zu beobachten: Sinken die Aktienkurse, steigen die Preise für Edelmetalle. Das gilt zum einen für Wertpapiere auf Edelmetalle, vor allem aber für die Preise für die physischen Edelmetalle selbst. Gerade in Zeiten wie den heutigen, in denen eine Zentralbank nach der anderen ihre Leitzinssätze auf null oder gar unter null drückt und damit klassische

Sparmöglichkeiten wie Sparbücher und festverzinsliche Anleihen unrentabel machen, bieten Gold und Silber sichere Häfen.

Und gerade Silber verspricht aufgrund seiner wachsenden Bedeutung als Industriemetall deutliche Wertzuwächse. Der Preis für Silber sank während vergangener Rezessionen weniger stark als der Goldpreis und stieg in Boom-Phasen auch deutlich stärker. Aufgrund seines niedrigen Einstiegspreises wird Silber gerne auch das »Gold des kleinen Mannes« bezeichnet. Es stellt das am stärksten benötigte, aus dem Erdboden geförderte Edelmetall dar. Die hohe Nachfrage kommt zumeist aus der optischen Industrie, der Lebensmitteltechnik, der Medizin und der Schmuckbranche, da es über 99,5 Prozent des sichtbaren Lichtes reflektiert und die beste elektrische Leitfähigkeit aller bekannten Metalle besitzt. Gefördert wird Silber zu großen Teilen in Peru, Mexiko, in den USA, in Bolivien und in Kanada, wobei es oft auch als Nebenprodukt der Blei- und Kupferherstellung anfällt. Allerdings geht das Angebot seit Jahren zurück. Es wird mehr Silber verbraucht, als gefördert oder recycelt werden kann.

Aber kein Metall fasziniert die Menschheit seit eh und je so sehr wie Gold. Es kommt, als »Berggold« bezeichnet, in Minen vor und als »Waschgold« in Form von Nuggets und Körnern in Gewässern. Weltweit begehrt ist es aufgrund seiner vielfältigen Verwendungsmöglichkeiten und legendären monetären Bedeutung. Selbst den geldwertverschlechternden Zentralbanken dient Gold als Wertspeicher und Sicherheit für den Notfall, obwohl die Goldbindung des US-Dollars und damit die entsprechende Einlösepflicht schon im Jahr 1971 aufgehoben wurde.

Nicht zu verachten sind die wachsenden Begehrlichkeiten der Menschen in den Schwellenländern. Schon heute stammt die größte Nachfrage nach Gold und Silber aus China und Indien – zu einem nicht unerheblichen Teil auch aufgrund der dortigen Hochzeitsbräuche. Der wachsende Lebensstandard in den BRICs-Staaten (Brasilien, Russland, Indien und China) wird beiden Edelmetallen zu weiterem Auftrieb verhelfen.

Ebenfalls von Bedeutung, gerade für den Goldpreis, sind die wachsenden Anforderungen an die Goldförderung. Die Minenbetreiber müssen in immer größere Tiefen vorstoßen, um noch Gold gewinnen zu können. Die Suche nach Gold gestaltet sich zunehmend schwieriger und vor allem teurer. Die Ausbeute sinkt prozentual und die Lohnkosten steigen rasant. Und je weniger neues Gold gefördert wird, desto teurer wird das bestehende Gold.

Fakt ist: Während in der Menschheitsgeschichte bereits zahllose Währungen ihren Wert verloren, Geldreform auf Geldreform folgte und viele Staaten immer wieder bankrottgingen, blieb die Kaufkraft von Gold und Silber immer erhalten.

Deshalb rate ich Ihnen dringend, in regelmäßigen Abständen auch das Edelmetalldepot Ihres Nachwuchses aufzustocken – ganz unabhängig davon, wie die Preise aktuell stehen. Edelmetalle werfen keine Zinsen ab, dienen nicht dem Vermögensaufbau, sondern schlichtweg dem Vermögenserhalt. Und für Sie als Erschaffer dieses Vermögens, das eines Tages Ihren Kindern zugutekommt, dienen die Edelmetalle als Beruhigungsmittel, wenn die Aktienmärkte gerade einmal wieder verrücktspielen.

Wie und in welcher Form Sie ganz konkret in Edelmetalle investieren sollten, zeige ich Ihnen im Kapitel »Rettungsboote bauen aus Gold und Silber«.

05

Die Strategie Schritt für Schritt umgesetzt

Wenn Sie sich bis hierhin vorgekämpft haben, verstehen Sie mehr von Wertpapieranlagen, Aktien, Edelmetallen und vor allem von den psychologischen Hintergründen sowie von sich selbst als 90 Prozent aller anderen Privatanleger. Herzlichen Glückwunsch! Es gibt wohl keinen Experten, nicht mal einen Wissenschaftler, der genau weiß, warum die private Altersvorsorge bei den meisten Menschen etwas »Nerviges« oder »notgedrungen Nötiges« zu sein scheint. Aber Sie besitzen nun das psychologische Rüstzeug und das theoretische, technische Fundament, um den Vermögensaufbau für Ihre Kinder in der Praxis anzugehen. Lassen Sie uns also starten!

Automatisieren & zurücklehnen

Wie aber lässt sich also der Vermögensaufbau für Ihr Kind erfolgreich und effizient umsetzen? Sie müssen den Prozess automatisieren. Indem Sie sich eine Investment-Maschine konstruieren, schalten Sie Ihre eigenen Emotionen und potenzielle Trugschlüsse weitgehend aus und vermeiden, dass die Illusionen eines Tages zur falschen Zeit überhandnehmen. In gewisser Weise schützen Sie sich also vor sich selbst, vor dem zittrigen, dem nervösen, dem ängstlichen Teil Ihres Ichs.

Eine solche Maschine zu konstruieren, mit der Sie gewissermaßen auf Anlage-Autopilot schalten, gelingt Ihnen am besten mithilfe von **Sparplänen**.

Legen Sie, so früh es nur geht, einen Sparplan an. Denken Sie an den Anlagehorizont und den Zinseszinseffekt. Bereits wenige Monate zu Anfang des Vermögensaufbaus können auf lange Sicht über einige Hundert Euro entscheiden.

Und den Clou, das Sahnehäubchen, das Extra-Bonbon habe ich Ihnen bereits kurz vorgestellt: Wenn Sie über einen langen Zeitraum einen Sparplan besparen, profitieren Sie sogar von den nervösen Aufs und den zittrigen Abs an den Börsen. Denn da Sie in regelmäßigen Abständen, monatlich oder quartalsweise, den immer gleichen Betrag in einen Exchange Traded Fund investieren, nutzen Sie die Vorteile des Cost-Average-Effekts optimal aus. Der Cost-Average-Effekt bedeutet: Wenn gerade wieder einmal Unruhe an den Börsen herrscht und die Kurse abrutschen, erhalten Sie ganz automatisch mehr Anteile an einem ETF. Herrscht Euphorie an den Märkten und die Preise steigen wieder, erhalten Sie dementsprechend weniger Anteile an einem ETF. Sie investieren also automatisch antizyklisch, kaufen weniger, wenn es teurer wird, und kaufen mehr, wenn es billiger wird. Auf diese

Weise verringern Sie den Durchschnittspreis Ihrer Geldanlage, deshalb auch »Cost Average«, der Durchschnittspreis.

Des Weiteren entfaltet der Cost-Average-Effekt auch einen immens wichtigen psychologischen Effekt, Während eifrige Trader und nervöse Händler bei fallenden Kursen schnell verkaufen wollen und dann unter den realisierten Verlusten leiden, können Sie sich über fallende Kurse freuen, da diese die Kosten Ihres Portfolios senken. Fallende Kurse bedeuten für Sie niedrige Preise. Denn Sie sind langfristig orientiert. Sie müssen und wollen nicht die schnellen Gewinne einfahren. Sie haben das Wohl Ihres Kindes im Blick und dementsprechend viel Zeit. Während all der Jahre, die Sie nun geduldig und diszipliniert am Vermögen für Ihr Kind werkeln, werden Sie stets auf der Käuferseite stehen. Sie werden jeden Kursrückschlag äußerst gelassen hinnehmen können, weil Sie genau wissen, dass Sie dadurch nur noch mehr Anteile zum gleichen Preis, nämlich Ihrer Sparrate, erhalten.

Ein zweites bedeutendes Zahnrad der Maschine haben Sie automatisch eingebaut, wenn Sie, wie ich es Ihnen empfehle, auf Exchange Traded Funds setzen. Mit ETFs müssen Sie sich nicht nach heute günstigen und morgen wachsenden Einzelwerten umschauen. Ein ETF steckt dank seiner Nachbildung eines ganzen Index ein weites Feld der Aktienwelt ab. Bei Veränderungen des Index wird auch der ETF angepasst. Sie müssen sich um solche Details nicht kümmern.

Und auch die mit Blick auf die Macht des Zinseszinseffekts äußerst wichtige Re-Investition von Dividenden haben Sie mit der Einrichtung eines ETF-Sparplans in vielen Fällen automatisiert. Denn wenn Sie Anteile eines thesaurierenden ETFs erwerben, werden die Erträge des Fondsanteils nicht auf Ihr Verrechnungskonto bei Ihrer depotführenden Bank überwiesen, sondern sofort zum Ankauf weiterer Anteile des ETF verwendet. Natürlich gibt es mehrheitlich ausschüttende Exchange Traded Funds, bei denen die Erträge auf das Konto gebucht werden. Diese Beträge wären aber meist so gering, dass Sie wohl kaum der Versuchung widerstehen könnten, sie einfach zu verbrauchen. Machen Sie es sich also einfach, suchen Sie sich thesaurierende ETFs aus und lassen Sie die Fondsmanager diese Kleinarbeit erledigen. Denn Kleinvieh macht auch Mist und dank des Zinseszinseffekts sogar sehr viel und immer mehr.

Die Sparrate

Nun stellt sich natürlich die Frage, wie viel Geld Sie in welchem Intervall automatisch per ETF-Sparplan sparen sollten. Am unteren Ende der Skala sind 25 Euro pro Monat durchaus möglich. Doch ist dies auch wirklich empfehlenswert?

Dies hängt ganz entscheidend von der Depotbank ab, die Sie auswählen. Von Bank zu Bank unterscheiden sich die Gebühren, die für das Besparen pro Rate anfallen. Und diese Gebühren können ganz schön ins Geld gehen. Langfristig sind Gebühren, wie ich oben erläuterte, die mörderischsten aller Renditekiller in Sachen ETF. Es gibt Banken, die bei einer Sparrate von 50 Euro Gebühren in Höhe von 2,95 Euro verlangen. Das klingt auf den ersten Blick nach nicht viel Geld, bedeutet aber real einen Vermögensverlust von satten 5,9 Prozent – jeden Monat. Das muss Ihr ETF erst wieder erwirtschaften.

Es gilt also, die Depotbank mit besonderer Sorgfalt zu wählen. Was ein Sparplan kostet, geht aus dem Preis- und Leistungsverzeichnis der jeweiligen Bank hervor. Aber auch mit der Wahl eines Aktions-ETFs können Sie, abhängig von der jeweiligen Depotbank, Gebühren einsparen. Ich meine damit die Sonderangebote, die bestimmte Depotbanken in Zusammenarbeit mit den betreffenden Fondsgesellschaften besonders günstig an Anleger verkaufen beziehungsweise als Sparplan vermarkten. Je nach Institut werden einige Dutzend oder gar mehrere hundert Exchange Traded Funds angeboten, für die keine oder nur sehr geringe Gebühren bei Einrichtung und Besparen eines Sparplans fällig werden. Aber auch mit der Erhöhung der Sparrate können Sie Gebühren vermeiden, wenn die Depotbank einen festen Gebührensatz verlangt oder die Gebühren ab einer gewissen Ratenhöhe deckelt. Dann sparen Sie eben nicht 25 Euro im Monat auf einen ETF, sondern überweisen diese 25 Euro auf Ihr Tagesgeldkonto, um nach drei Monaten 75 Euro in den ETF zu investieren. Netter Nebeneffekt: Auf diesem Weg kassieren Sie auch noch die aktuell leider sehr geringen Tagesgeldzinsen. Denken Sie dabei aber an das Kleinvieh, das auch Mist macht!

In der folgenden Tabelle sehen Sie eine Übersicht der aktuell, Stand 14. Januar 2016, neun größten Depotbanken in Deutschland. Ich habe für Sie recherchiert, in wie viele ETFs jeweils über einen Sparplan investiert werden kann, für wie viele ETFs die Banken Sonderkonditionen gewähren, wie hoch die Gebühren und Mindestsparraten sind und mit welchen Gebühren Sie bei welchen Raten rechnen müssen.

Bank	Sparplan-ETFs	Aktions-ETFs	Standard-Gebühren	Mindest-sparrate	Gebühren für 25-€-Rate	Gebühren für 50-€-Rate	Gebühren für 100-€-Rate	Gebühren für 500-€-Rate
comdirect	231	45	1,50 %, maximal 4,90 €	25 €	0,38 €	0,75 €	1,50 €	4,90 €
Consorsbank	119	40	1,50 %	25 €	0,38 €	0,75 €	1,50 €	7,50 €
DAB Bank	229	156	2,50 € plus 0,25 %	50 €	-	2,63 €	2,75 €	3,75 €
flatex	294	274	0,90 €	50 €	-	0,90 €	0,90 €	0,90 €
ING-DiBa	33	0	1,75 %	50 €	-	0,88 €	1,75 €	8,75 €
Maxblue	129	106	2,50 € plus 0,40 %	50 €	-	2,70 €	2,90 €	4,50 €
OnVista Bank	41	41	0,00 %	50 €	-	0,00 €	0,00 €	0,00 €
Sparkasse Broker	483	93	2,50 %	50 €	-	1,25 €	2,50 €	12,50 €
1822 direkt	81	21	2,95 €	50 €	-	2,95 €	2,95 €	2,95 €

Gebührenübersicht Sparrate (Stand 14. Januar 2016)

Die Depotbanken Comdirect und flatex stechen meines Erachtens besonders hervor. Beide Banken bieten sehr viele ETF-Sparpläne an, wobei flatex nur für 20 seiner ETF-Sparpläne Gebühren verlangt. Wenn bei flatex Gebühren anfallen, sind diese sehr moderat und betragen pauschal 90 Eurocent, machen also selbst bei der Mindestsparrate von 50 Euro nur 1,8 Prozent aus. Bei der Comdirect, einer Tochter der Commerzbank, beträgt die Mindestsparrate sogar nur 25 Euro. Die Zahl der möglichen ETF-Sparpläne liegt ähnlich hoch. Allerdings gewährt die Bank nur bei 45 davon Gebührenfreiheit. Die Gebühren für eine Sparrate werden von der Comdirect mit moderaten 1,5 Prozent veranschlagt und sind erfreulicherweise bei einer Gebühr von maximal 4,90 Euro gedeckelt.

Ihr Finanztag

Wir haben weiter oben bereits ausführlich die Optimierung Ihres Cashflows behandelt. Während Sie die Haushaltsübersicht täglich aktualisieren und pflegen sollten, genügt es vollkommen, wenn Sie die Investitionen für Ihr Kind einmal pro Jahr nachprüfen.

Zücken Sie also Ihren Kalender und tragen Sie sich jetzt schon einen entsprechenden Termin ein. An diesem Tag werden Sie sich viel Zeit nehmen und jeden Sparplan einmal auf Herz und Nieren prüfen. Ist es in Ihren Augen weiterhin der richtige Index, in den Sie via ETF investieren? Wie hat sich die entsprechende Region oder Branche zuletzt entwickelt? Wie wird sich der Index in Zukunft entwickeln? Hat sich in der Vorgehensweise des ETF etwas geändert? Haben sich die Konditionen der Bank geändert? Bedenken Sie stets: Auf einen einzigen Index gibt es oft mehrere ETFs verschiedener Anbieter. Sie können ohne Probleme nicht nur den Index wechseln, wenn sich die Konditionen verschlechtert haben, sondern auch den ETF-Anbieter.

Gewinnen Sie auch einen Überblick darüber, welche Renditen Ihre Sparpläne im letzten Jahr erwirtschaftet haben. Überprüfen Sie Ihren Nachrichtenkonsum. Haben Sie Ihre Informationsdiät durchhalten können? Was hat sich dadurch für Sie geändert? Was denken Sie über die vier Illusionen des Privatanlegers? Hat sich Ihre Einstellung geändert? Welche Bedeutung hat der Vermögensaufbau für Ihre Kinder noch in Ihren Augen? Wie wollen Sie das Depot weiterführen? Wollen Sie es womöglich auf Ihre Kinder übertragen? Haben Sie sich im Bereich Finanzen fortgebildet?

All diese Fragen werden Ihnen helfen, das Vermögen für Ihren Nachwuchs wirklich zielbewusst und fokussiert aufzubauen. Der weite Anlagehorizont bringt nicht nur Vorteile. Er erfordert eben auch eine Menge Geduld und Disziplin. Der jährliche Finanztag wird Ihnen helfen, diese Disziplin aufrechtzuerhalten.

Ihr Depot

Nun wird es spannend. Eine Übersicht über die führenden Depotbanken in Deutschland habe ich Ihnen bereits oben gegeben. Natürlich könnten Sie sich auch an die Ihnen vertraute Hausbank wenden, an die Sparkasse oder die Volksbank um die Ecke. Doch Hand aufs Herz. Vertrauen Sie anno 2016 noch Ihrer Hausbank? Haben Sie einen guten Draht zu Ihrem Bankberater? Kennt man Sie überhaupt noch in Ihrer Bank? Oder sind Sie nur noch ein Gesicht unter vielen?

Natürlich legen die Sparkassen, Genossenschaftsbanken und Privatbanken im Zweifelsfall Wert auf eine Beratung von Angesicht zu Angesicht. Aber wann haben Sie selbst das letzte Mal Gebrauch gemacht von diesem Angebot? Und vor allem: Wann haben Sie das letzte Mal der Beratung in Ihrer Hausbank wahrhaftig vertraut? Längst ist doch eines klar geworden: Den Filialbanken geht es einfach darum, ihre Produkte an den Mann zu bringen. Die gesamte Beratung zielt darauf ab, Fonds und Zertifikate zu verkaufen. Die Berater sind auch nur Verkäufer. Dies müssen Sie sich klarmachen.

Stopp. Sie glauben das nicht?

Dann empfehle ich Ihnen einmal einen Blick in die Studie »Messen des Kundennutzens der Anlageberatung«, die Prof. Dr. Andreas Hackethal und Prof. Dr. Roman Inderst im Auftrag des Bundesministeriums für Ernährung, Landwirtschaft und Verbraucherschutz im Dezember 2011 publizierten. Die Forscher kamen nach der zweijährigen Analyse von 37.000 zufällig ausgewählten Privatanleger-Depots zu der Erkenntnis, dass diejenigen Anleger, die eine Beratung und Depotführung ihrer Hausbank in Anspruch genommen hatten, eine im Durchschnitt deutlich geringere Rendite verzeichnen konnten als diejenigen Anleger, die sich selbst mit der Materie vertraut gemacht und eine eigene Anlagestrategie entwickelt hatten.

Sie müssen sich also fragen, ob Sie die Zeit für aufreibende Gespräche mit einem Verkäufer aufbringen wollen und ob Sie auch die Kosten dafür tragen wollen. Denn jedes Beratungsgespräch generiert der Bank Personalkosten, die letztendlich immer vom Kunden, also von Ihnen, auf die eine oder andere Art finanziert werden muss. Wollen Sie also wirklich Zeit und Geld opfern, um sich am langen Ende ein Finanzprodukt aufschwatzen zu lassen, an dem Sie wenig, Ihr Berater aber aufgrund der für ihn sprudelnden Provisionen umso mehr Freude haben wird? Die Stiftung Warentest fand im Jahr 2008 heraus, dass die Kosten für ein Depot bei einer Filialbank, im Extremfall, um den Faktor 50 höher liegen können als bei einer Direktbank.

Direktbanken, wie auf Seite 80 aufgelistet, verzichten dagegen auf ein teures Netz von Geschäftsstellen und sind meist nur über das Telefon und das Internet erreichbar. Eine persönliche, individuell angepasste Beratung gibt es oft nur gegen ein zusätzliches Honorar. Zwar müssen Sie sich als Kunde allein zurechtfinden, doch die Vorteile einer Direktbank liegen klar und deutlich auf der Hand. Sie sind über das Internet 24 Stunden am Tag und sieben Tage in der Woche für Sie erreichbar. Und auch die Konditionen sind deutlich besser als die der Konkurrenz mit teurem Filialbetrieb. Und gerade die laufenden Kosten können sich, auch wenn die paar Prozentpunkte zunächst nicht nach viel aussehen, bei langfristigen Geldanlagen als wahre Renditefresser herausstellen. Die Direktbanken, die ich Ihnen in Abbildung 5 aufgelistet habe, verzichten aktuell, Stand Januar 2016, auf eine Depotgebühr, die Grundgebühr. Hier werden also nur Gebühren pro Wertpapierorder fällig, wie in der Tabelle dargestellt. Lesen Sie aber unbedingt das Kleingedruckte. Ist die Depotführung erst ab einem Mindestdepotwert von 20.000 Euro kostenfrei oder an eine Mindestanzahl von Orders im Halbjahr gebunden, lassen Sie besser die Finger davon. Zudem gilt: Sehen Sie sich zusätzlich an, welche Gebühren für sonstige Leistungen in Rechnung gestellt werden.

Da Sie, wenn Sie meinen Ratschlägen in diesem Buch folgen, nicht sehr häufig handeln werden, ist die kostenlose Depotführung natürlich noch wichtiger als die Ordergebühr. Auch sogenannte Stop-Loss-Marken, automatische Verkaufssignale, werden Sie nicht setzen. Die in den Augen der aktiven Trader wichtigen Gebühren für »unausgeführte Orders«, die manche Depotbanken in Rechnung stellen, werden also bei Ihnen nicht ins Gewicht fallen.

Weitere Entscheidungskriterien für die Wahl der passenden Direktbank sind die Erreichbarkeit der Bank, die Qualität und Geschwindigkeit der Orderausführung, die Kundenorientierung, die Benutzerfreundlichkeit der Internetseite, das ETF-Sparplan-Angebot sowie etwaige Zusatzleistungen. Vor Ihrer finalen Entscheidung sollten Sie unbedingt jede Direktbank einmal im Internet besuchen und die wichtigsten Informationen zu diesen Kriterien einholen. Auch Testberichte in den renommierten Zeitschriften können weiterhelfen. Bei einer Leserumfrage des Magazins »Börse Online« im Jahr 2014 errang die ING-Diba den ersten Platz, gefolgt von der Consorsbank, der comdirect, flatex und der OnVista Bank.

Nun würden Sie es gerne einmal mit einer Direktbank ausprobieren? Aber es scheint Ihnen zu kompliziert? Keine Sorge. Furcht und Scheu sind unbegründet, wenn Sie gewissenhaft vorgehen. Haben Sie meine vorangegangenen Hinweise befolgt und eine Depotbank mit großer Sparplan-Auswahl und geringen Gebühren gefunden, können Sie die Unterlagen zur Konto- und Depoteröffnung telefonisch und über das Internet anfordern. Auch der Kauf und Verkauf von Wertpapieren sowie das Anlegen und Ändern von Sparplänen gehen später recht einfach von der Hand. Zu Anfang müssen Sie die Eröffnungsunterlagen ausfüllen und unterschreiben und der Bank per Post schicken. Dabei wird vom Postident-Verfahren Gebrauch gemacht. Den Eröffnungsunterlagen liegt ein Postident-Coupon bei, den Sie beim Versand der ausgefüllten Unterlagen dem Mitarbeiter der Postfiliale vorlegen. Dieser wird den Coupon ausfüllen, Ihre Identität anhand Ihres Personalausweises oder Reisepasses überprüfen und Sie unterschreiben lassen. Dann erst wird Ihr Eröffnungsantrag an die Direktbank versandt. Dieses Verfahren ist wichtig und richtig, denn sonst könnte ja jeder ein Depot auf Ihren Namen eröffnen und Ihnen einigen finanziellen Schaden zufügen. Um dieses Verfahren kommen Sie nicht herum, auch weil in Deutschland relativ scharfe juristische Vorschriften zur Vermeidung von Geldwäsche gelten.

Wenn Sie alle Daten korrekt angegeben haben und Ihre Identität nachweisen konnten, sollte Ihr Depot in wenigen Tagen einsatzbereit sein. Sie erhalten Ihre Zugangsdaten für Ihr Depot und das dazugehörende Verrechnungskonto, auf das bei Bedarf Dividenden gebucht werden, und als separate Sendung den geheimen PIN-Code, mit dem Sie online auf Ihr Depot zugreifen können. Zur Durchführung von Transaktionen – das Einrichten eines Sparplans gilt auch als Transaktion – benötigen Sie immer auch eine Transaktionsnummer (abgekürzt TAN). Das ist vergleichbar mit dem normalen Online-Banking, wo Sie ja auch keine Überweisung ohne TAN durchführen können. Auch beim Online-Broking (also dem Wertpapierhandel per Internet) können Sie nur einen Auftrag erteilen, wenn Sie diesen abschließend mit einer TAN bestätigen. Die meisten Online-Broker nutzen das mTAN-Verfahren, bei dem Ihnen die TAN direkt aufs Handy oder Smartphone geschickt wird (das »m« steht für »mobil«). Dafür müssen Sie nach dem ersten Einloggen Ihre Handynummer eingeben und durch das Anfordern und Eintragen einer ersten TAN auch legitimieren. Folgen Sie einfach den Vorgaben auf dem Bildschirm, dann ist auch dieser Schritt schnell erledigt.

Manche Depotbanken bieten stattdessen das SmartTAN- beziehungsweise ChipTAN-Verfahren an. Hier brauchen Sie ein kleines Gerät, den so genannten TAN-Generator und eine Debit- (sprich EC-) oder Bankkarte. Beides erhalten Sie von Ihrer Depotbank. Die Karte schieben Sie dann in den dafür vorgesehenen Schlitz am Generator ein und halten dann das Gerät an eine blinkende Fläche am Bildschirm, um für die gewünschte Transaktion eine TAN zu erzeugen. Falls Ihre Depotbank mit einem TAN-Generator arbeitet, ist beim ersten Einloggen zunächst eine Synchronisation nötig. Auch hier sehen Sie am Bildschirm genau, was Sie tun müssen. Dann können Sie bei künftigen Aufträgen via TAN-Generator die nötigen Transaktionsnummern für jede Orderaufgabe und jeden neu angelegten Sparplan selbst erzeugen.

Schließlich gibt es noch Banken, die Ihnen stattdessen eine TAN-Tabelle zur Verfügung stellen, die Ihnen ebenfalls nach Depoteinrichtung per Post zugeschickt wird. Daraus können Sie die für jede Transaktion nötige TAN ablesen beziehungsweise zusammenstellen. Das ist nicht weiter schwierig.

Nun geht es ans Eingemachte: Sie richten einen Sparplan ein und das geht so: Zunächst klicken Sie auf die Schaltfläche »Sparplan« oder »Sparplan einrichten« oder »ETF-Sparpläne« oder wie auch immer das bei Ihrer Depotbank heißt. Dann machen Sie alle Eingaben, die dort verlangt werden:

1. Sie geben die Wertpapierkennnummer (WKN) des ETF ein, in den Sie investieren wollen. Wenn Sie beispielsweise den db x-trackers DAX ETF ausgewählt haben, dann lautet diese Wertpapierkennnummer DBX1DA – zur Auswahl von ETFs siehe weiter unten in diesem Kapitel.

2. Sie tragen die Höhe der gewünschten Sparrate ein, zum Beispiel 50 Euro.

3. Sie wählen aus, in welchen zeitlichen Abständen für die eingegebene Sparrate ETF-Anteile gekauft werden sollen, also beispielsweise monatlich oder vierteljährlich.

4. Sie geben an, von welchem Konto die Sparraten abgebucht werden sollen. Das ist in der Regel Ihr Girokonto, das übrigens ruhig bei einer anderen Bank sein darf. Die Sparraten werden dann in der gewünschten Regelmäßigkeit von dort eingezogen und dafür genutzt, die gewünschten ETF-Anteile zu kaufen.

Ein Sparplan hat übrigens viele Vorteile: Sie können ihn jederzeit ändern, und zwar in jeglicher Hinsicht. Sie können den ETF austauschen, wenn Sie mit dem bisher besparten nicht mehr zufrieden sind. Sie können die Sparraten hinauf- oder herabsetzen, ganz wie es Ihnen beliebt. Beachten Sie dabei aber die Mindestsparraten, die Ihre Depotbank vorgibt. Sie können auch das zeitliche Intervall ändern, in dem für den eingegebenen Sparbetrag ETF-Anteile gekauft werden sollen. Und sollte es einmal gar nicht anders gehen, können Sie die Sparraten auch zeitweise aussetzen, bis Sie wieder flüssig sind. Sobald Sie den Sparplan eingerichtet haben, kümmert sich die Direktbank um die laufenden Abbuchungen und die notwendigen Wertpapierorders.

Haben Sie die WKN oder ISIN eines passenden Fonds, können Sie den Sparplan in nur wenigen Sekunden anlegen. Am Beispiel der Consorsbank möchte ich Ihnen es kurz darstellen: Nachdem Sie sich mit Ihren Anmeldedaten, das heißt der Kontonummer Ihres Verrechnungskontos und Ihrem PIN-Code eingeloggt haben, klicken Sie auf den Reiter »Sparen«. Auf der dann folgenden Seite genügt ein Klick auf »Neuen Sparplan anlegen«, um zur entsprechenden Eingabemaske zu gelangen.

Consorsbank Sparplan, Schritt 1 (Quelle: Screenshot consorsbank.de)

Im ersten Schritt geben Sie die WKN oder ISIN des ETF ein, den Sie sich für den Sparplan Ihres Kindes ausgesucht haben. Auf der folgenden Seite sollten Sie die Hinweise zur Risikoklasse dieser Geldanlage zur Kenntnis nehmen und sich alle Verkaufsunterlagen herunterladen. Das Wichtigste aber sind die Daten zur Höhe der Sparrate, zum Sparintervall, zum Einzugsdatum, zum Referenzkonto, von dem die Sparraten abgebucht werden sollen, und zur Dauer des Sparplans.

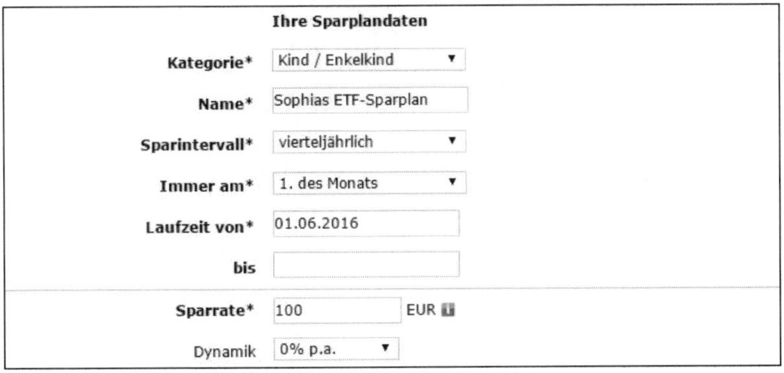

Consorsbank Sparplan, Schritt 2 (Quelle: Screenshot consorsbank.de)

Haben Sie alle relevanten Daten angegeben und die Häkchen gesetzt, folgt auf der dritten Seite eine Übersicht Ihres Sparplans und die Möglichkeit, den Sparplan nun final einzurichten. Dies geschieht, indem Sie sich eine TAN per SMS schicken lassen und im entsprechenden Feld auf dieser Seite eingeben.

Fertig! Die vierte und letzte Seite bestätigt die Einrichtung des Sparplans.

Wollen Sie in Zukunft einen Sparplan ändern, die Rate erhöhen oder reduzieren oder das Sparintervall bearbeiten? Nichts leichter als das. Im Falle der Consorsbank melden Sie sich dazu erneut mit Ihren Anmeldedaten auf consorsbank.de ein und klicken auf den Reiter »Sparen«. Auf der folgenden Seite finden

Sie eine Auflistung all Ihrer Sparpläne. In der Spalte »Aktionen« wählen Sie für den zu ändernden Sparplan die Option »Änderung/Pause« und schon können Sie auf der dann erscheinenden Seite alle relevanten Daten bearbeiten. Zum nächsten Einzahlungstermin werden diese Daten dann wirksam.

Oh ... Sie wissen noch gar nicht, welchen ETF Sie nun für Ihr Kind besparen sollen? Sie haben noch keinerlei Überblick gewonnen? Die Auswahl erscheint Ihnen gigantisch groß? Sie sind verwirrt?

Dann möchte Ihnen die Internetseite des ETF-Experten Dominique Riedl ans Herz legen: Auf **www.justetf.com** finden Sie unter dem Menüpunkt »ETF-Suche« ein wunderbares Suchwerkzeug, um den passenden Indexfonds für Ihre Kinder zu finden. Hier können Sie aus einem Feld von 1.100 ETFs, die mehr als 700 verschiedene Indizes abbilden, den passenden Fonds nach wichtigen Kriterien herausfiltern. Sie können neben der Ausschüttungsform, thesaurierend oder ausschüttend, die Anlageklasse, die Replikationsmethode, die Fondsgröße, den Börsenplatz und den Standort des Fonds wählen. Zudem können Sie gezielt nach gebührenfreien Aktions-ETFs und Sparplan-ETFs einzelner Direktbanken suchen. Einfacher kann die Suche nach dem richtigen Indexfonds nicht sein. Wie genau Sie bei der Auswahl vorgehen, lesen Sie im Kapitel »So finden Sie die richtigen ETFs« weiter hinten in diesem Buch.

Der Depotwechsel

Eines Tages ist es so weit. Ihre Depotbank erhöht auf einmal die Gebühren, richtet eine Grundgebühr ein und lässt die Ordergebühren in schwindelerregende Höhe steigen.

Wie reagieren Sie?

Sie können sich entspannen. Ein Umzug des Depots zu einer anderen Bank ist in Deutschland problemlos und vor allem kostenfrei möglich. So hat es der Bundesgerichtshof in zwei Urteilen (Aktenzeichen XI ZR 200/03 und XI ZR 49/04) eindeutig entschieden. Denn Ihre Wertpapiere sind Ihr Eigentum, weshalb Sie einen uneingeschränkten Herausgabeanspruch gegenüber Ihrer Bank besitzen.

Erhöht Ihre Direktbank also die Gebühren, schnappen Sie Ihre Siebensachen, machen Sie sich auf die Suche nach einem günstigeren Anbieter und wechseln Sie.

Dazu richten Sie zunächst bei der neuen Bank ein Depot ein. Die im vorigen Kapitel beschriebene Vorgehensweise ist bei allen Direktbanken ähnlich. Dann besorgen Sie sich auf der Internetseite der neuen Bank die Umzugsformulare, füllen diese aus und senden sie an die Bank. Haben Sie alles richtig ausgefüllt, wird der Umzugsprozess zirka vier Wochen in Anspruch nehmen. In dieser Zeit können Aktien und Fondsanteile, auch im Rahmen eines Sparplans, aus diesem Depot nicht verkauft werden. Wenn alle Wertpapiere aufs neue Depot übertragen wurden, können Sie Ihr altes Depot schließen lassen. Auch dazu gibt es entsprechende Formulare auf der Internetseite der jeweiligen Bank.

Für die Übertragung des Depots auf Ihr Kind beziehungsweise Ihre Kinder gilt das gleiche Verfahren.

Doch wie gehen Sie vor, wenn Sie nur einzelne Wertpapiere aus Ihrem Depot in das Depot Ihrem Nachwuchs übertragen wollen, zum Beispiel im Falle der Schenkung zum 18. Geburtstag? Nichts leichter als das. Nach Eröffnung des Depots Ihres Kindes beantragen Sie den Wechsel der Positionen. Bei vielen Banken müssen Sie dazu das gleiche Formular wie beim Depotübertrag verwenden, allerdings die Option ankreuzen, nur einzelne Wertpapiere zu übertragen. Im Regelfall sollte der Übertrag nach nicht mehr als sieben Tagen abgeschlossen sein. Der Wechsel ist innerhalb Deutschlands kostenlos. Einige Banken verlangen allerdings Gebühren beim Übertrag von Einzelpositionen aus dem Ausland.

Aber wollen Sie Ihrem Filius Fondsanteile übertragen, muss dieser natürlich zunächst überhaupt ein solches Depot besitzen ...

Ein eigenes Depot für den Nachwuchs?

Es stellt sich zu Anfang des Vermögensaufbaus die Frage, auf welchen Namen Sie den ETF-Sparplan und das dazu nötige Depot einrichten und verwalten möchten.

Juristisch ist es ohne großen Aufwand möglich, ein Konto auf den Namen eines Kindes einzurichten, solange beide Erziehungsberechtigten der Kontoeröffnung zustimmen und die Identität des Kindes nachgewiesen ist, zum Beispiel mithilfe der Geburtsurkunde. Unter diesen Voraussetzungen können Sie auch ein Depot für das Kind eröffnen, auf das Sie später die besparten Fondsanteile oder Wertpapiere transferieren lassen. Aber manches Mal gibt es hier noch Haken. Denn die Banken können selbst entscheiden, ob Sie eine Depoteröffnung in fremden Namen zulassen. Einige Geldhäuser lehnen dies strikt ab, andere wiederum bieten sogar spezielle Depots für Minderjährige an. Allzu riskante Wertpapiergeschäfte, wie zum Beispiel der Handel mit Optionsscheinen, sind für solche Depots allerdings gesperrt. Aber das braucht Sie nicht zu interessieren, wenn Sie nur in klassische ETFs auf Aktienindizes investieren.

Haben Sie als Eltern ein Wertpapierdepot für Ihr Kind angelegt und besparen Sie dort einen Sparplan, verwalten Sie zwar als Erziehungsberechtigte das Vermögen, können aber nicht uneingeschränkt darüber verfügen. Wenn Sie angesparte Gelder zweckentfremden wollen, zum Beispiel größere Anschaffungen damit planen, tritt das Familiengericht auf den Plan und muss zustimmen. Ist Ihr Spross dann eines Tages volljährig und dementsprechend geschäftsfähig, verfügt er natürlich sofort vollständig über Depot und das zugehörige Verrechnungskonto. Sie verlieren dann den Zugriff auf die Wertpapiere in Gänze.

Wollen Sie als Großeltern ein Depot für Ihr Enkelkind einrichten, sieht die Sache ein wenig komplizierter aus. Sie müssen sich dann eine Vollmacht ausstellen lassen. Und jede Geldzahlung, mit der Sie zukünftig den Sparplan Ihres Enkelkindes besparen werden, wird mit der Abbuchung aus Ihrer Verfügungsgewalt entschwinden. Jede Sparrate gilt dann als Schenkung und die Erziehungsberechtigten verwalten das Depot des minderjährigen Enkelkindes. Gleiches müssen die Paten des Kindes beachten.

Kritisch werden könnte es in Sachen Krankenversicherung und BAföG. Sind beide Elternteile gesetzlich krankenversichert, wird Ihr Kind im Regelfall kostenfrei mitversichert. Dies allerdings nur, wenn das regelmäßige Einkommen des Minderjährigen nicht mehr als 375 Euro pro Monat beträgt. Auch bei der Ausbildungsförderung gelten finanzielle Grenzen für das Kind. Sobald dessen Vermögen 5.200 Euro (ab 1. August 2016: 7.500 Euro) übersteigt, wird die Förderung deutlich gekürzt.

Entspannt hat sich die Lage auf dem Feld des Kindergeldes. Seit 2012 spielen hier Einkommen und Vermögen der Kinder keine Rolle mehr.

Beachten Sie auch, dass ab einer Geldsumme von 20.000 Euro (für Paten) beziehungsweise 200.000 (für Großeltern) und 400.000 (für Eltern) Schenkungssteuern fällig werden. Das Thema Steuern werde ich Ihnen aber noch in einem folgenden Kapitel ausführlich näherbringen.

So finden Sie die richtigen ETFs

Gleich zu Anfang Ihrer Suche nach dem richtigen ETF will ich Ihnen Folgendes raten: Machen Sie das Ganze nicht zu kompliziert! Halten Sie Ihre Recherche so simpel wie möglich. Verzetteln Sie sich in der Datenwühlerei, können Sie auch gleich Daytrading betreiben und den lieben langen Tag Einzelaktien kaufen und verkaufen. Dann bringen Ihnen Exchange Traded Funds rein gar nichts. Die Grundidee der ETFs ist es, einen Index abzubilden, um den aktiven Handel zu vermeiden.

Auch sollten Sie es vermeiden, zu Anfang zu stark zu diversifizieren. Besparen Sie zunächst einen ETF. Erhöhen Sie lieber die Sparrate, um die Ordergebühren niedrig zu halten, anstatt es sich mit vielen verschiedenen Indexfonds unnötig kompliziert zu machen.

Haben Sie ein Depot bei einer Direktbank eröffnet, möchten Sie natürlich sofort loslegen. Ich empfehle Ihnen, nicht die ETF-Suche Ihrer Bank zu nutzen, sondern auf unabhängige Dienste zurückzugreifen. Denn die Banken haben immer nur eine eingeschränkte ETF-Auswahl im Angebot und dementsprechend meist auch nur limitierte Suchwerkzeuge. Im Internet werden Sie mehrere ETF-Suchmaschinen finden. Ans Herz legen möchte ich Ihnen die Suchfunktion von justETF, zu finden unter **www.justetf.com → ETF-Suche**.

Aber bevor Sie nun wieder den Computer starten und in Daten und Informationen wühlen, achten Sie auf Folgendes: Viel wichtiger als jede Kennzahl, viel wichtiger als der Tracking Error, viel wichtiger als die Replikationsmethode und viel wichtiger als die Ausschüttungsform eines ETF sind Ihre Emotionen und die daraus folgenden Entscheidungen. Ich kann es gar nicht oft genug betonen: Den weiten Anlagehorizont Ihres Kindes und die Chancen des Zinseszinseffekts können Sie nur nutzen, wenn Sie geduldig sind und wenn Sie sich nicht von Kurseinbrüchen, Börsendepressionen und Hiobsbotschaften aus der Presse beirren lassen.

Sie können aber Ihre Emotionen nicht in den Griff bekommen, wenn Sie nicht vorher genau Bescheid wissen über Ihre Risikotoleranz. Können Sie es wirklich nervlich verkraften, wenn die Kurse in ganzen Branchen oder Regionen oder gar weltweit um 50 Prozent nach unten rauschen?

Wenn Sie diese wichtigste aller Fragen mit einem deutlichen »Ja« beantworten können, dann besuchen Sie bitte justetf.com und öffnen dort die ETF-Suchmaschine.

Der Entscheidungsweg

Wie also finden Sie nun den passenden Indexfonds?

Im ersten Schritt müssen Sie sich für einen Markt, das heißt für ein Land, eine Region und/oder eine Branche entscheiden. Sie können mittels der MSCI-Fonds auch global investieren.

Hierzu wählen Sie auf der linken Seite der justETF-Suchmaschine die Option »Alle Anlageklassen – Aktien« und dann entweder ein Land, eine Region oder eine Branche. In meinem Beispiel möchte ich weltweit investieren und wähle dazu die Region »Welt«, was mir rund 100 Suchergebnisse beschert.

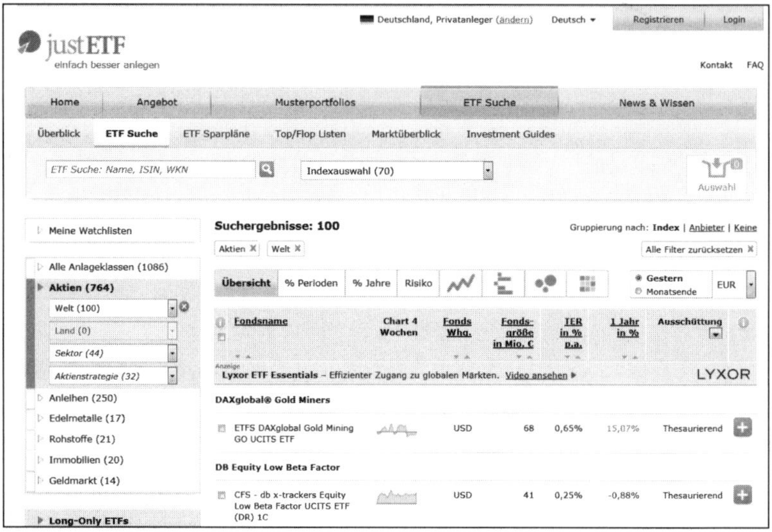

justETF – Suche: ETFs – Aktien – Welt (Quelle: Screenshot justETF)

Auch für eine der in einem vorangegangenen Kapitel beschriebenen Replikationsmethoden müssen Sie sich entscheiden. Dazu wählen Sie auf der linken Seite unter »Replikationsmethode« die von Ihnen präferierte. Falls Sie sich nicht mehr an die Spezifika der einzelnen Varianten erinnern können, schauen Sie bitte noch mal im Kapitel »Exchange Traded Funds – Die günstigste Fondslösung für Sie« nach. Ich entscheide mich in meinem Beispiel für eine vollständige Nachbildung, wodurch mein Suchergebnis auf gut 20 Indexfonds präzisiert wird.

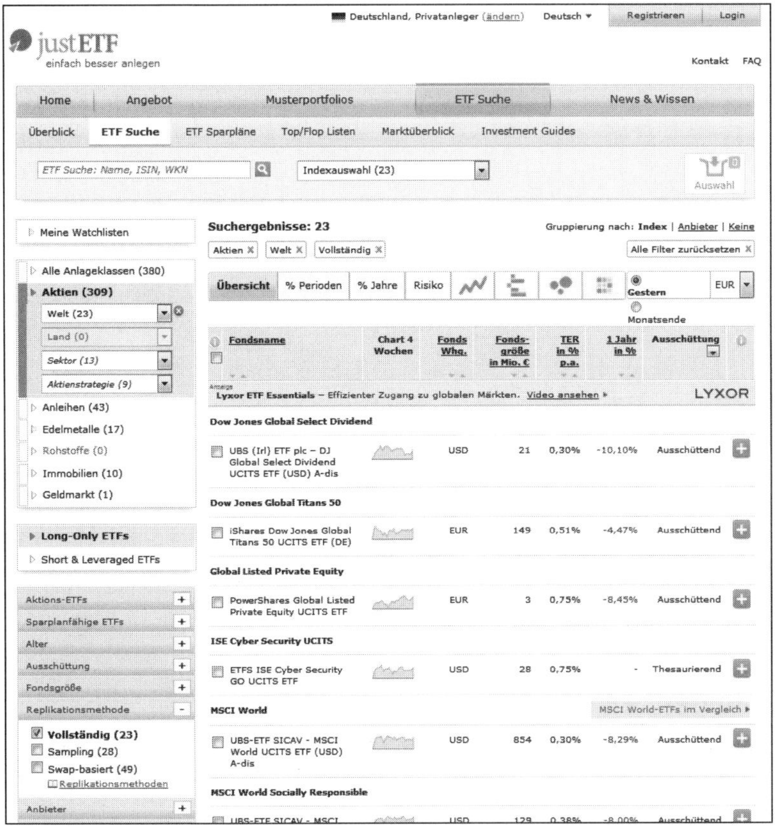

justETF – Suche: ETFs – Aktien – Welt – physisch repliziert
(Quelle: Screenshot justETF)

Manch einer würde nun am liebsten auch auf eine spezielle Anlagestrategie setzen und zum Beispiel gerne eine Option namens »Value« oder »Dividende« mit einem Häkchen versehen. Wir aber danken Dominique Riedl, dem Herausgeber von justETF, dass er einen solchen Strategie-Filter nicht eingebaut hat. Denn solche Spielereien untergraben nur die Grundidee der passiv gemanagten Indexfonds und würden Sie als Anleger dazu verleiten, sich viel zu viele Gedanken über die Geldanlage zu machen. Wir vermeiden also bewusst jede Form der Ablenkung und Zeitverschwendung und kümmern uns nun mit ruhiger Hand um die Frage, welche der herausgefilterten Indexfonds überhaupt bespart werden können.

Dazu suchen Sie sich bitte auf der linken Seite unter dem Punkt »Sparplanfähige ETFs« Ihre Depotbank heraus und versehen Sie mit einem Häkchen. In meinem Beispielfall habe ich das fiktive Depot bei der Consorsbank einrichten lassen. Somit erweisen sich sechs der vollständig replizierenden ETFs aus der Region »Welt« als sparplanfähig.

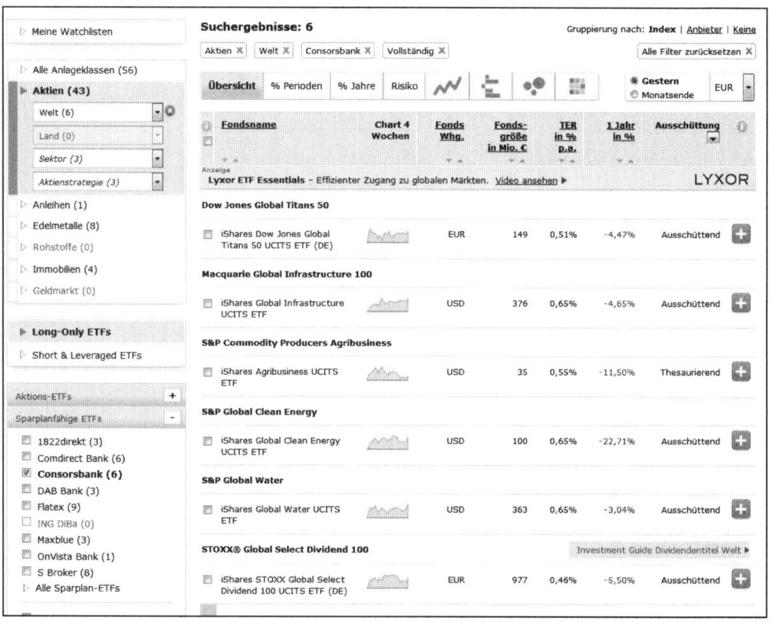

justETF – Suche: ETFs – Aktien – Welt – physisch repliziert – sparplanfähig (Quelle: Screenshot justETF)

Im nächsten Schritt können Sie einen bestimmten zu replizierenden Index auswählen. Diesen können Sie im Dropdown-Menü im Kopf der Suchmaschine anklicken. In meinem Beispielfall hätte ich die Auswahl zwischen den Indizes Dow Jones Global Titans 50, Macquarie Global Infrastructure 100, S&P Commodity Producers Agribusiness, S&P Global Clean Energy, S&P Global Water und dem Stoxx Global Select Dividend 100. Falls Sie hier eine Präferenz hegen, können Sie sich gerne festlegen.

Sie können aber auch nachschauen, ob Ihre Depotbank einen der herausgefilterten ETFs als Aktions-ETF anbietet. Dazu öffnen Sie auf der linken Seite der Suchmaschine das kleine Fenster namens »Aktions-ETFs«. In meinem Fall der Consorsbank werden alle sechs Fonds frei von Ordergebühren angeboten.

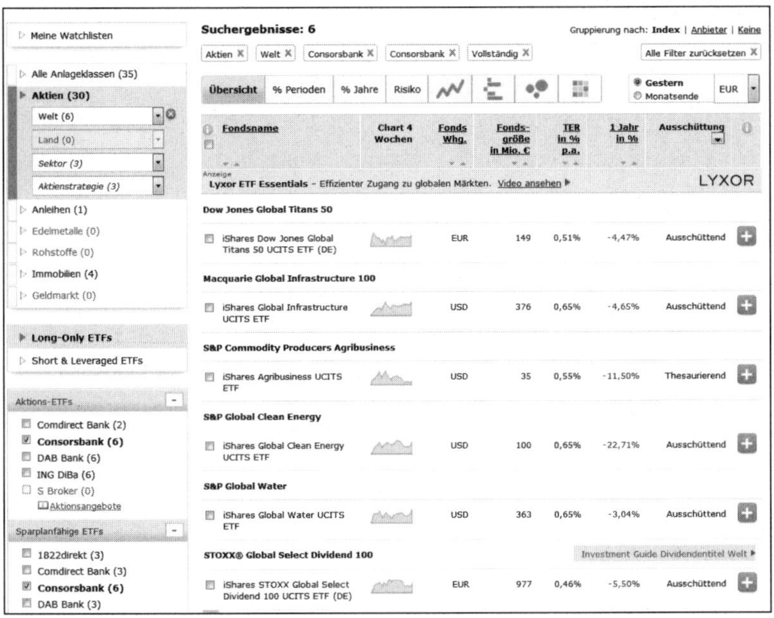

justETF – Suche: ETFs – Aktien – Welt – physisch repliziert – sparplanfähig – Aktions-ETFs (Quelle: Screenshot justETF)

Auch die Ausschüttungsform des ETF gilt es zu bedenken. Sie haben, wie bereits ausführlich geschildert, die Wahl zwischen thesaurierenden Fonds, die die Erträge automatisch reinvestieren, und ausschüttenden Fonds, die die Erträge auf Ihr Verrechnungskonto bei Ihrer Depotbank überweisen. Um eine Wahl zu treffen, setzen Sie einfach das entsprechende Häkchen im kleinen Fenster »Ausschüttung« auf der linken Seite der Suchmaschine bei der Option »thesaurierend«. In meinem Beispielfall reinvestiert nur der iShares Agribusiness UCITS ETF aus dem Hause BlackRock.

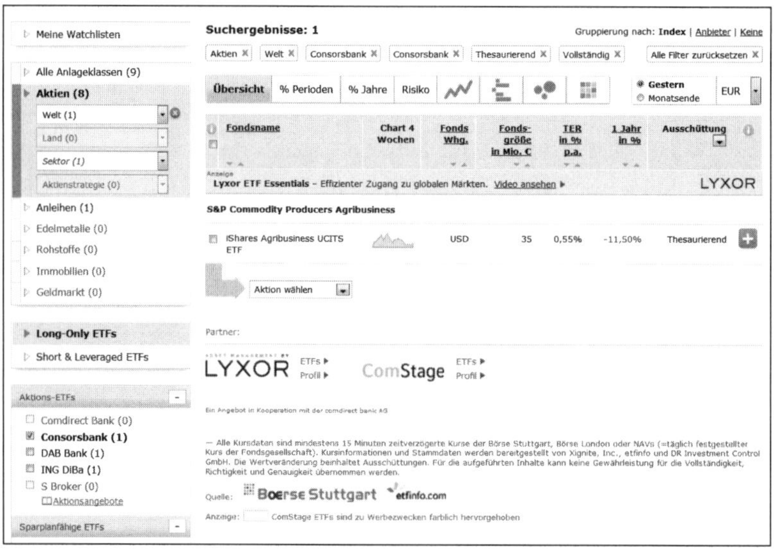

justETF – Suche: ETFs – Aktien – Welt – physisch repliziert – sparplanfähig – Aktions-ETFs – thesaurierend (Quelle: Screenshot justETF)

Des Weiteren können Sie die ETFs auch nach dem Alter, der Fondsgröße und dem Fondsdomizil filtern. An diesem Punkt können Sie die Suche nach einem passenden ETF abschließen, die Wertpapierkennnummer (WKN) oder ISIN des Fonds notieren und zur Internetseite Ihrer Depotbank wechseln, auf der Sie den Sparplan einrichten.

Sie können Ihre Suche aber auch noch etwas verfeinern und einige weitere Fragen stellen.

Zum Beispiel die Frage, ob der ETF gegen Wechselkursrisiken abgesichert wird. Dieser Punkt ist bei allen Investitionen außerhalb der Eurozone von Bedeutung. Mit einem Klick auf den Fondsnamen öffnet sich eine neue Seite, auf der justETF alle relevanten Details des jeweiligen Indexfonds preisgibt, unter anderem auch die Währungsabsicherung.

Für den von mir ausgesuchten iShares Agribusiness UCITS ETF sind alle wichtigen Daten zu sehen. Auch die Wünsche der akribischsten aller Datenwühler werden hier erfüllt. Sie wollen den Wirtschaftsprüfer der Fondsgesellschaft wissen oder das Auflagedatum, die Gesamtkostenquote (TER), die möglichen Börsenplätze oder gar die Kontrahenten in puncto Wertpapierleihe? Alles kein Problem. Auf den Detailseiten werden Sie fündig.

Der Chart kann ebenso eingesehen werden wie die für den Anleger wichtigen Dokumente. Zudem wird ein Link zum Bundesanzeiger angeboten, der später, wenn ich Sie über das Thema Steuern aufklären werde, noch sehr wichtig werden wird.

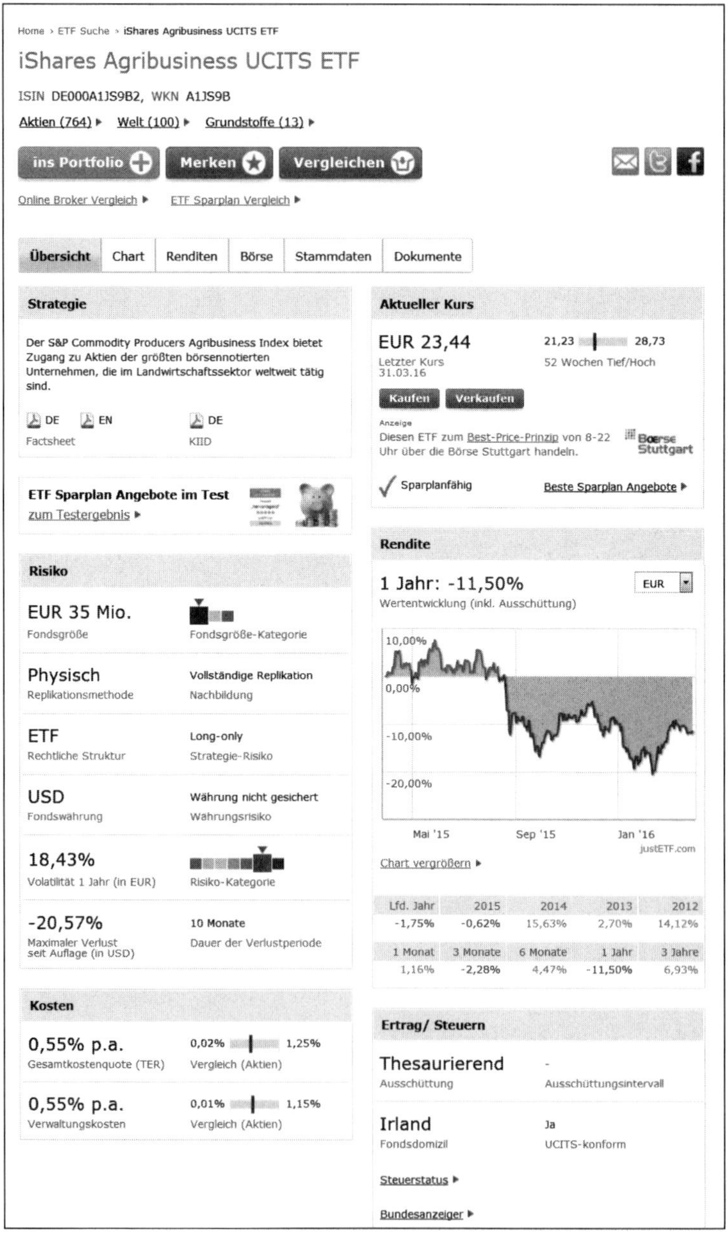

justETF – ETF Detailansicht (Quelle: Screenshot justETF)

Gehen Sie diese Schritte und machen Sie sich den Vermögensaufbau Ihrer Kinder nicht schwerer als nötig.

Oh. Sie wollen mehr? Sie wollen tiefer eindringen in die Materie? Ich habe was für Sie: ein paar Kennzahlen, die Ihnen helfen könnten.

ETF-Kennzahlen für den Datenjunkie

Ich habe es bereits angesprochen. Die Gesamtkostenquote, englisch »**Total Expense Ratio« (TER)**, ist bei Weitem die wichtigste Fonds-Kennzahl. Die TER enthält die Verwaltungsgebühren, zum Beispiel für die Fondsgeschäftsführung, das Portfoliomanagement, die Wirtschaftsprüfung und die Betriebskosten. Nicht enthalten sind natürlich die Order- und sonstigen Gebühren Ihrer Depotbank, da diese Kosten nichts mit dem Geschäft der Fondsgesellschaft zu tun haben und allein von Ihnen als Anleger getragen werden müssen.

Auch den Nettoinventarwert, englisch »Indicative Net Asset Value« (iNAV), habe ich Ihnen als wichtige Kennzahl bereits nähergebracht. Der iNAV eines Fondsanteils wird minütlich neu berechnet, indem das Fondsvermögen durch die Zahl der umlaufenden Anteile dividiert wird. Der Nettoinventarwert ist somit für den ETF das, was der Börsenkurs für eine Aktie ist.

Eine nicht minder wichtige Kennzahl ist der Vermögensendwert Ihrer Geldanlage. Er bezeichnet die um die Inflation bereinigte Rendite Ihres Investments, gibt also an, wie viel Ihr Kind in zehn, 15 oder 20 Jahren von dem Geld wird kaufen können, das Sie heute anlegen. Diese Kennzahl können Sie selbst auf recht simplem Wege errechnen. Die Formel lautet:

$((1+\text{Rendite in Prozent})^{\text{Anlagezeitraum}})*\text{angelegte Geldsumme} = \text{Vermögensendwert}$

Wenn Sie also beispielsweise 5.000 Euro zu einer durchschnittlichen Rendite von 5 Prozent pro Jahr über einen Zeitraum von 20 Jahren anlegen, ergibt sich folgender Rechenweg:

$(1+5/100)^{20})*5.000=13.266$

Innerhalb von 20 Jahren hat sich die Geldanlage für Ihr Kind also mehr als verdoppelt. Aus 5.000 Euro wurden 13.266 Euro. Der Zinseszinseffekt macht es möglich.

Falls Ihnen die Formel zu kompliziert erscheint oder Sie gerade keinen Taschenrechner zu Hand haben, finden Sie unter folgendem Link meine Excel-Tabelle, in der Sie nur Ihre Werte eintragen müssen, um sich den Vermögensendwert in Bruchteilen von Sekunden errechnen zu lassen:

http://bit.ly/geldkind-endwert

Kopieren Sie sich diese Tabelle in Ihr Tabellenkalkulationsprogramm und schon können Sie ein wenig experimentieren.

Doch passen Sie auf bei der Rendite, die Sie veranschlagen. Subtrahieren Sie von der nominal erwarteten Rendite die Kosten des Investments, also im Falle eines ETF die TER, sowie in jedem Fall die jährlich zu erwartende Inflationsrate. Haben Sie beispielsweise in einen ETF mit einer TER von 0,51 Prozent investiert und rechnen Sie mit einer Inflation von 2 Prozent, müssen Sie also 2,51 Prozent von der jährlichen Durchschnittsrendite abziehen. Mithilfe dieser Formel erkennen Sie sehr schnell, welche herausragende Bedeutung die Gesamtkosten eines ETF haben. Wenn Sie bei den Gebühren auch nur wenige Zehntel Prozentpünktchen einsparen können, wird dies langfristig einen gewaltigen Unterschied machen. Probieren Sie es aus. Die Excel-Tabelle gibt Ihnen spielerischen Raum, den Sie nutzen sollten, bevor Sie richtiges Geld investieren.

Im Falle eines Sparplans, den ich Ihnen in diesem Buch wärmstens empfehle, müssen Sie zur Berechnung des Vermögensendwertes etwas anders vorgehen, da sich hier die investierten Gelder erst im Laufe der Zeit summieren und nicht schon zu Anfang Renditen einfahren können. Um den Vermögensendwert eines Sparplans zu errechnen, stehen Ihnen im Internet verschiedene kostenlose Angebote zur Verfügung. Ich empfehle Ihnen den Sparrechner des Informatikers Thomas Gottfried. Sie finden ihn unter diesem Link:

http://bit.ly/geldkind-sparrechner

Für meinen Beispielsparplan habe ich eine vierteljährliche Sparrate von 100 Euro und eine Jahresrendite von 5 Prozent bei einer Laufzeit von 20 Jahren gewählt.

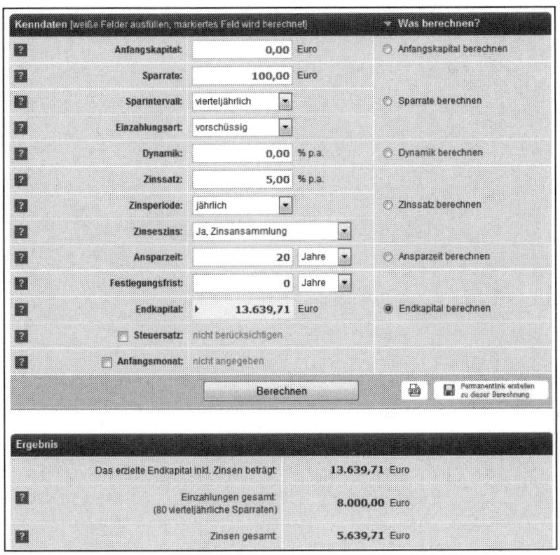

Sparrechner

Im Ergebnis komme ich auch hier auf einen Vermögensendwert von mehr als 13.000 Euro. Sie sehen aber bei genauerer Betrachtung, dass ich dafür insgesamt nicht 5.000 Euro, sondern 8.000 Euro investieren musste, aufgeteilt auf insgesamt 80 Sparraten. Experimentieren Sie auch hier ein wenig, achten Sie aber darauf, die TER und die Inflation von der nominalen Jahresrendite zu subtrahieren.

Zwei weitere, auch für ETF-Investments sehr interessante Kennzahlen sind die Sharpe Ratio und der Betafaktor.

Die Sharpe Ratio, entwickelt vom US-amerikanischen Wirtschaftswissenschaftler William F. Sharpe, bezeichnet die sogenannte Überrendite eines Investments, das heißt die Rendite, die über die risikolos erzielbare Rendite hinausgeht in Relation zu ihrem Risiko. Mit dieser Kennzahl können also verschiedene Anlageformen miteinander verglichen werden. Je höher die Sharpe Ratio, desto besser.

Berechnet wird die Sharpe Ratio, indem im ersten Schritt die erwartete Rendite eines Investments um den aktuellen Zinssatz der deutschen Staatsanleihen bereinigt wird. Deutsche Staatsanleihen gelten trotz aller Schwierigkeiten des Euro-Systems heute als eine der weltweit sichersten Geldanlagen. Aus dieser Subtraktion gewinnt man die Überrendite des angepeilten Investments. Wollen wir zum Beispiel die Sharpe Ratio des iShares TecDAX UCITS ETF ermitteln, subtrahieren wir zunächst den Zinssatz der 10-jährigen Bundesanleihe von zirka 0,5 Prozent von der Rendite dieses Fonds im Jahr 2015 in Höhe von 32,78 Prozent. Dabei ergibt sich folgende Rechnung:

32,78 % – 0,5 % = 32,28 %

Die Überrendite des iShares TecDAX UCITS ETF lag im Jahr 2015 also bei 32,28 Prozent. Gleichzeitig wies er allerdings eine recht hohe Volatilität (Schwankungsbreite) von 23,94 Prozent, das heißt, sein Nettoinventarwert, sein Kurs, schwankte um diesen Prozentsatz hin und her.

Im nächsten Schritt muss seine Überrendite durch seine Volatilität, sein Risiko, geteilt werden. Es ergibt sich folgende Rechnung:

32,28 % : 23,94 % = 1,35

Die Sharpe Ratio des iShares TecDAX UCITS ETF lag im Jahr 2015 also bei 1,35.

Diese Kennzahl können wir heranziehen, um den Fonds mit einem seiner Konkurrenten zu vergleichen. Ein interessanter Konkurrent wäre womöglich ein ETF auf den US-amerikanischen Technologie-Index Nasdaq 100. Stellen wir beispielsweise einen Vergleich mit dem ComStage Nasdaq100 UCITS ETF, mit einer Rendite in 2015 von 21,81 Prozent und einer Volatilität von 23,54 Prozent, an, kommen wir für diesen ETF zu folgendem Rechenweg:

(21,81 % – 0,5 %) : 23,54 % = 0,91

Die Sharpe Ratio des ComStage Nasdaq 100 UCITS ETF lag im Jahr 2015 also bei 0,91.

Der iShares TecDAX UCITS ETF wäre also gemäß dieser Kennzahl dem ComStage Nasdaq 100 UCITS ETF vorzuziehen, da er bei ähnlichem Schwankungsrisiko zuletzt eine deutlich höhere Rendite erzielte.

Auch der Betafaktor beschäftigt sich mit der Volatilität eines Investments. Er gibt an, wie stark ein Wertpapier im Vergleich zum Markt schwankt. Ist er größer als 1, schwankt das Papier stärker als der Markt. Ist er kleiner als 1, schwankt es weniger. In Bezug auf Exchange Traded Funds lässt sich der Betafaktor besonders gut zum Vergleich von Indizes anwenden. Die Berechnung des Betafaktors ist allerdings sehr viel komplizierter als die der Sharpe Ratio, weshalb ich Sie an dieser Stelle auf den Service des Finanzportals **www.boerse.de** aufmerksam machen möchte. Hier können Sie die Betafaktoren verschiedener Indizes mit wenigen Klicks ermitteln und vergleichen. Unter folgendem Link finden Sie beispielsweise den Stoxx Europe 600:

http://bit.ly/geldkind-beta

In meinem Beispiel möchte ich einmal den weit streuenden Stoxx Europe 600, bestehend aus den nach Marktkapitalisierung 600 größten europäischen Unternehmen, mit dem relativ kleinen DAX, bestehend aus den 30 größten deutschen Unternehmen, vergleichen.

Laut boerse.de kommt der Stoxx Europe 600 auf 1-, 3-, 5- und 10-Jahressicht auf einen Betafaktor unter 1. Das heißt, er schwankte in diesen Zeiträumen weitaus weniger als der DAX. Auch ein Vergleich der beiden Charts zeigt, dass der Kurs des Stoxx Europe 600 etwas weniger stark ausschlug als der des DAX.

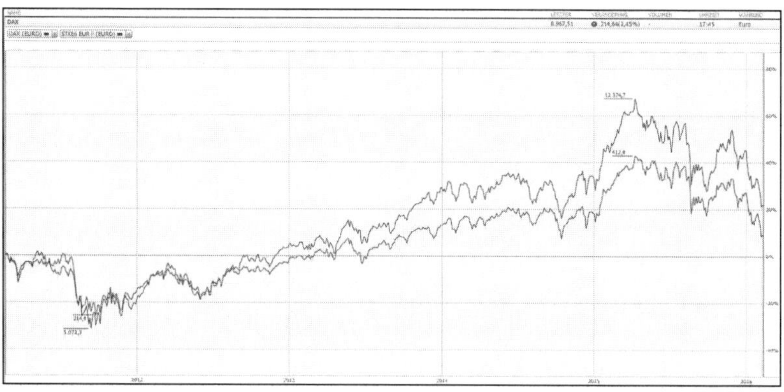

Chartvergleich DAX und Stoxx Europe 600
(Dax: obere Linie, Quelle: Screenshot boerse.de)

Auch den Betafaktor können Sie somit als Risikokennzahl in Ihrem Entscheidungsprozess für oder gegen einen ETF berücksichtigen.

Die Anlegerinformationen

Auch wenn Sie kein Datenjunkie sind und sich die Wahl des geeigneten ETF-Sparplans löblicherweise so einfach wie möglich machen wollen, sollten Sie dennoch einen Blick in die Dokumente zur Anlegerinformation werfen, die jede emittierende Fondsgesellschaft veröffentlichen muss. Sie finden diese Dokumente bereits während Ihrer Recherche auf der justETF-Detailseite des jeweiligen Fonds unter dem Punkt »Dokumente«.

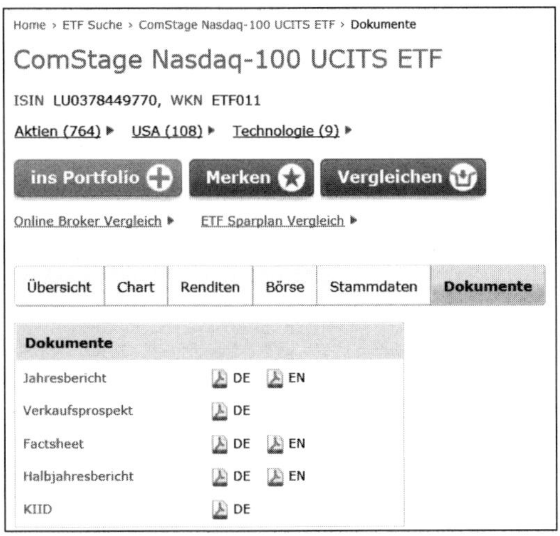

justETF Dokumente (Quelle: Screenshot justETF)

Zumindest das meist nicht mehr als zweiseitige Factsheet, auch als »KIID« (»Key Investor Information Document«) oder »Wesentliche Anlegerinformationen« betitelt, sollten Sie lesen. Alle verfügbaren Dokumente sollten Sie in jedem Falle herunterladen und sorgsam archivieren.

Im Factsheet wird es für Sie als Anleger von besonderem Interesse sein, welchen Index der ETF überhaupt repliziert und welche Replikationsmethode dazu gewählt wurde. Auch die Ausschüttungsform wird hier explizit genannt.

Als Nächstes sollten Sie sich im Factsheet die Informationen zum Risikopotential, das heißt Volatilität, anschauen. Und diese sind durchaus nichts für schwache Nerven. Schon bei der Berechnung der Sharpe Ratio im vorangegangenen Kapitel haben wir gesehen, dass ein ETF leicht um zweistellige Prozentwerte schwanken kann. Sie werden kaum einen ETF finden, den die emittierende Fondsgesellschaft nicht mindestens in Risikoklasse 5 einstuft – einstufen muss, da hier strenge gesetzliche Vorgaben zum Anlegerschutz gelten. Also noch mal: Die andere Seite der Medaille, der Preis dafür, dass Sie sich dank eines ETF-Sparplans nur sehr selten mit Ihrem Depot, den Märkten und den Nachrichten beschäftigen müssen, ist die Volatilität. Sie müssen damit rechnen, dass innerhalb des langen Anlagezeitraums, den Sie zum Wohle Ihrer Kinder nutzen können, der Kurs des besparten ETF sehr stark schwanken wird. Können Sie es nervlich verkraften, wenn der Kurs zeitweilig um 50 Prozent absackt?

Achten Sie auch unbedingt auf die Kosten. Auch bei einem Sparplan müssen Sie die laufenden Kosten des Fonds begleichen. Diese werden, wie bereits angesprochen, mit der Gesamtkostenquote (TER) angegeben. Die TER bleibt keineswegs stabil. Sie kann in jedem Geschäftsjahr, je nach Personalaufwand, steigen oder sinken. Denken Sie daran: Jedes Hundertstelprozentpünktchen der TER verringert Ihre reale Rendite und senkt den Vermögensendwert aufgrund des Zinseszinseffekts im Laufe mehrerer Jahre beziehungsweise Jahrzehnte beträchtlich.

Der Tracking Error eines ETF wird typischerweise am Ende seines Factsheets veranschaulicht. Voll replizierende ETFs werden immer einen leichten Tracking Error aufweisen. Synthetische Indexfonds können aufgrund Ihrer Swap-Geschäfte sogar manches Mal etwas besser abschneiden als der Index.

Die Abkürzung für Profis

Jetzt noch mal zum Mitschreiben: Exchange Traded Funds sind ein einfaches und leicht nachzuvollziehendes Instrument für den Vermögensaufbau Ihres Kindes. **Explizit ausnehmen möchte ich hier die Smart-Beta-Fonds.** Die Gründe habe ich in Ihnen weiter oben dargelegt. Wenn Sie aber einen klassischen replizierenden Indexfonds besparen, wie ich es Ihnen in diesem großen Kapitel empfohlen und dargelegt habe, können Sie kaum etwas falsch machen. Der weite Anlagehorizont Ihres Kindes von zehn, 15 oder noch mehr Jahren in Kombination mit dem faszinierenden Zinseszinseffekt wird dafür sorgen, dass Sie sich ganz entspannt zurücklehnen und Ihr Geld für sich arbeiten lassen können. Lassen Sie sich nicht beirren!

Und für den Fall, dass Sie ein wahrer Pareto-Fan sind, nichts mehr ohne die 80/20-Regel in Angriff nehmen, liste ich Ihnen im Folgenden die 20 Prozent der ETF-Anlagestrategie auf, die zu 80 Prozent des Vermögens Ihrer Kinder beitragen werden:
Zuallererst gilt es, die Kosten zu minimieren. Auf dem Markt der Exchange Traded Funds tobt ein wahrer Preiskampf unter den Fondsgesellschaften. Da klassische ETFs sehr transparent arbeiten und leicht nachzuvollziehen sind, können sich die einzelnen Anbieter meist nur noch über die Kosten voneinander absetzen. Das ist Ihre Chance, um den Vermögensaufbau Ihres Kindes mit einer möglichst hohen Rendite zu gestalten.

Achten Sie unbedingt auf die Aktions-ETFs Ihrer Depotbank. Hier können Sie neben dem Ausgabeaufschlag, der nur beim Handel mit der Fondsgesellschaft, nicht aber beim börslichen Handel, fällig wird, viel Geld sparen.

Achten Sie beim Vergleich der Indexfonds auf deren Gesamtkostenquoten, die TERs. Die TER bildet die Summe aller Kosten und Gebühren im Verhältnis zum Volumen des Fonds. Die TER knabbert jährlich an der Rendite Ihres Investments und sollte deshalb so niedrig wie nur möglich ausfallen.

Greifen Sie zu Fonds, die einen verständlichen und nachvollziehbaren Index abbilden. Auch hier gibt es mitunter seltsame Auswüchse an Indizes, von denen noch kaum jemand gehört hat, die die Fondsgesellschaften Ihnen aber als das Nonplusultra schlechthin verkaufen will. Wichtig ist, dass Sie selbst verstehen, welche Branche oder welche Region der Index zusammenfasst.

Neben der TER ist der Tracking Error ein wichtiges Kriterium bei der Wahl des passenden ETF. Ziel eines jeden passiven Fonds muss es schließlich sein, den zugrunde liegenden Index möglichst genau abzubilden. Wie erfolgreich er dabei ist, zeigt der Tracking Error.

Im Idealfall setzen Sie auf einen thesaurierenden Indexfonds, das heißt auf einen ETF, dessen Erträge automatisch reinvestiert werden. Dadurch automatisieren Sie den Zinseszinseffekt und werden nicht dazu verführt, gezahlte Dividenden zu verkonsumieren.

Eröffnen Sie Ihr Depot bei einer Direktbank im Internet. Hier sparen Sie im Vergleich zu Ihrer Hausbank viele Kosten und können von Sonderkonditionen und Aktions-ETFs profitieren.

Und die wichtigste Regel: Entspannen Sie sich. Verirren Sie sich nicht in unnötiger Datenwühlerei. Für Kinder mittels ETF-Sparplänen Geld anzulegen ist kinderleicht. Einfacher und günstiger können Sie den Vermögensaufbau für Ihren Nachwuchs nicht betreiben.

06

Vater Staat schlägt zu – Wie Sie das Vermögen Ihres Kindes vor der Steuerkrake schützen

Man könnte das Thema Geldanlage für Kinder an diesem Punkt abschließen. Ich könnte mich von Ihnen verabschieden mit dem Ratschlag, einen thesaurierenden ETF auszuwählen, einen Sparplan einzurichten und 20 Jahre abzuwarten. Wenn der Staat nicht so gierig wäre ...

Sie werden nicht umhinkommen, sich zumindest ein wenig in die deutsche Steuergesetzgebung einzuarbeiten, um die Geldanlage auch wirklich effektiv laufen lassen zu können. Denn jeder Cent, den Sie als Steuern zahlen müssen, fehlt Ihnen zur Nutzung des Zinseszinseffekts.

Um Ihren Sparplan steueroptimal arbeiten lassen zu können, um legale Steuersparmöglichkeiten zu nutzen und planen zu können, benötigen Sie ein gewisses steuerliches Grundwissen, das ich Ihnen nun im Folgenden näherbringen möchte.

Die Abgeltungssteuer

Alle Wertpapiere, die nach dem 31. Dezember 2008 gekauft wurden, unterliegen der Abgeltungssteuer, wie in Deutschland die Kapitalertragsteuer auch genannt wird. Das gilt unabhängig von der Haltedauer. Genauer gesagt, muss Ihre depotführende Bank die Abgeltungssteuer abführen, sobald Sie Wertpapiere mit Gewinn verkaufen oder Dividenden einnehmen. In Deutschland liegt der Steuersatz aktuell bei 25 Prozent. Hinzu kommen noch der Solidaritätszuschlag und die etwaige Kirchensteuer. Summa summarum kann hier die Steuerbelastung auf 26,38 Prozent (Abgeltungssteuer plus Solidaritätszuschlag) beziehungsweise 28,63 Prozent (Abgeltungssteuer plus Solidaritätszuschlag plus Kirchensteuer) klettern. Die Bank zieht die Steuern automatisch von Ihren Erträgen ab und leitet sie direkt an das zuständige Finanzamt weiter. Mithilfe eines Freistellungsauftrages können Sie allerdings als Einzelperson den so genannten Sparerpauschbetrag in Höhe von 801 Euro pro Jahr steuerfrei einnehmen. Bei gemeinsam veranlagten Ehepaaren beläuft sich der Sparerpauschbetrag, also die steuerfreie Summe, auf 1.602 Euro.

Für Sie als Anleger bedeutet dies, dass Sie Ihre Wertpapiererträge normalerweise nicht in der Steuererklärung angeben und auch nicht ans Finanzamt abführen müssen. Denn da die Kapitalertragssteuer eben als Abgeltungssteuer behandelt wird, hat dies bereits Ihre Bank erledigt. Den Sparerpauschbetrag berücksichtigt die Bank dann, wenn Sie sie via Freistellungauftrag dazu anweisen. Wenn Sie keinen Freistellungsauftrag erteilt haben oder wenn Sie bei mehreren Freistellungsaufträgen bei verschiedenen Banken den Sparerpauschbetrag in Höhe von 801 Euro für Singles beziehungsweise 1.602 Euro für Paare nicht ausgereizt haben, erhalten Sie die einbehaltene Abgeltungssteuer im nächsten Jahr wieder zurück, sofern Sie Ihre Kapitalerträge in der Steuererklärung deklarieren, also die Anlage KAP mithilfe der Steuerbescheinigung Ihrer Bank ausfüllen. Die Anlage KAP ist auch vorgeschrieben bei Fonds (beziehungsweise ETFs) mit ausländischem Sitz. Das kommt häufig vor, auch bei deutschen ETF-Anbietern: Dass die Fondsgesellschaft beispielsweise in Luxemburg ansässig ist. Achten Sie unbedingt auch auf die Ausschüttungen thesaurierender Fonds. Auch diese müssen Sie in Ihrer Steuererklärung angeben, obgleich eine Transaktion auf Ihr Verrechnungskonto gar nicht stattgefunden hat. Die Höhe der Erträge finden Sie auf der Steuerbescheinigung Ihrer Bank oder mittels einer Recherche im Bundesanzeiger. Doch zum Bundesanzeiger später noch mehr.

Kapitalertragssteuern, die bereits im Ausland gezahlt wurden, nennt man Quellensteuern. Diese werden bei der Berechnung Ihrer Abgeltungssteuer allerdings berücksichtigt, sofern ein Doppelbesteuerungsabkommen zwischen Deutschland und dem Herkunftsland des Fonds beziehungsweise, im Falle von Einzelaktien, des Unternehmens, besteht. Eine Liste der bestehenden Doppelbesteuerungsabkommen finden Sie hier:

http://bit.ly/geldkind-doppelbesteuerung

Schauen Sie in die Tabelle auf Seite 3 der PDF-Datei. Wichtig ist hier die Spalte »Ergebnis: anrechenbar sind ...« Wenn Sie wissen möchten, wie viel Steuern Ihre Bank automatisch abführt, müssen Sie die ausländische Quellensteuer und die deutsche Abgeltungssteuer addieren, und den Prozentsatz aus der Spalte »Ergebnis: anrechenbar sind ...« vom Ergebnis subtrahieren.

Im Falle der Schweiz lautet die Rechnung zum Beispiel:
35 % + 25 % – 15 % = 45 %

DBA-Staat	a) nationale Quellensteuer b) nach DBA höchstens anrechenbare Quellensteuer c) fiktive anrechenbare Quellensteuer nach DBA		**Ergebnis:** anrechenbar sind …	
	Dividenden (in %)	Zinsen (in %)	Dividenden (in %)	Zinsen (in %)
	A	B	C	D
Schweiz	a) 35 b) 15 / 5 / 30	a) 0 / 35 b) 0	**15**	**0**

Anrechenbarkeit der Quellensteuer auf Dividenden und Zinsen

Diese 45 Prozentpunkte sind allerdings immer noch 20 Punkte mehr, als wenn Sie einfach einen deutschen Fonds oder die Aktie eines deutschen Unternehmens gekauft hätten. Doch es besteht die Chance, sich auch dieses Geld wieder zurückzuholen. Dazu müssen Sie sich allerdings direkt an die Steuerbehörde des jeweiligen Herkunftslandes wenden. Im Zuge der Doppelbesteuerungsabkommen stellt jedes Land Formulare zur Rückerstattung bereit.

Fondsgesellschaften, die ETFs auflegen, müssen das Thema Steuern ebenfalls berücksichtigen. Unterschiedliche Steuerbelastungen führen schließlich zu unterschiedlichen Kosten und damit zu Differenzen hinsichtlich des Tracking Errors. Und da auf dem

Markt der passiven Indexfonds ein harter Preiskampf tobt, sind die Fondsgesellschaften hier besonders penibel.

Steuerhässlich oder steuereinfach?

Das Problem der ausländischen Quellensteuer entfaltet vor allem bei thesaurierenden Fonds eine besondere Schlagkraft. Denn hier besteht für Sie in Sachen Steuern Differenzierungsbedarf. Zum einen gibt es die synthetischen, thesaurierenden ETFs. Diese weisen keine ausschüttungsgleichen Erträge auf. Zum anderen existieren physisch replizierende, thesaurierende ETFs. Und genau bei diesen kann es zu Schwierigkeiten kommen. Bei ihnen droht eine doppelte Besteuerung der laufenden Erträge. Eine solche Konstellation wird »steuerhässlich« genannt.

Was bedeutet »steuerhässlich« genau?

»Steuerhässlich« bedeutet, dass fällige Quellensteuern nicht direkt von der Bank an das Finanzamt weitergeleitet werden. Stattdessen muss sich der Anleger selbst um die Abführung kümmern.

Um solche steuerhässlichen ETFs zu vermeiden, müssen Sie prinzipiell auf drei Faktoren, auf drei Fragen achten, die Sie vor der Fondsauswahl stellen.

1. Ist der ETF thesaurierend oder ausschüttend?

2. Liegt das Fondsdomizil in Deutschland?

3. Werden im Bundesanzeiger »ausschüttungsgleiche Erträge« ausgewiesen?

Aus diesen drei Faktoren ergeben sich in der Theorie acht verschiedene Kombinationen, die ich Ihnen in der folgenden Tabelle aufgelistet habe. Drei dieser theoretisch möglichen Kombinationen existieren allerdings nicht in der Praxis: Ausschüttende ETFs müssen »ausschüttungsgleiche Erträge« angeben. Deutsche ausschüttende ETFs ohne eine solche Angabe im Bundesanzeiger existieren also ebensowenig wie ihre ausländischen Pendants. Zudem gibt es auch keine thesaurierenden Exchange Traded Funds mit Fondsdomizil Deutschland, die »ausschüttungsgleiche Erträge« ausweisen.

Thesaurierend oder Ausschüttend?	Fondsdomizil in Deutschland?	»Ausschüttungsgleiche Erträge« im Bundesanzeiger?	Steuereinfach?
Thesaurierend	Nein	Nein	Ja
Thesaurierend	Nein	Ja	Nein
Thesaurierend	Ja	Nein	Ja
Thesaurierend	Ja	Ja	-
Ausschüttend	Nein	Nein	-
Ausschüttend	Nein	Ja	In den meisten Fällen nicht
Ausschüttend	Ja	Nein	-
Ausschüttend	Ja	Ja	Ja

Es verbleiben damit fünf Kombinationen, die den Praxistest bestehen. Drei dieser Kombinationen sind steuereinfach, wobei ich Ihnen vor allem thesaurierende ausländische ETFs ohne »ausschüttungsgleiche Erträge« im Bundesanzeiger empfehlen möchte. Bis heute, Stand Februar 2016, habe ich noch keinen deutschen Indexfonds gefunden, der thesauriert und keine »ausschüttungsgleichen Erträge« ausweist. Ausschüttende ausländische ETFs sind selbstverständlich steuereinfach. Sie haben einen entsprechenden Eintrag im Bundesanzeiger.

Kompliziert, also steuerhässlich wird es für Sie als Anleger bei den thesaurierenden ETFs aus dem Ausland, für die im Bundesanzeiger »ausschüttungsgleiche Erträge« verzeichnet sind.

Raucht Ihnen jetzt der Kopf?

Keine Sorge. Die Quintessenz lautet: Wenn Sie zu ETFs greifen, die thesaurieren und keine »ausschüttungsgleichen Erträge« ausweisen, können Sie nichts falsch machen. Diese Fonds sind stets steuereinfach. Gleiches gilt für ausschüttende ausländische Fonds und im Regelfall auch für thesaurierende Swap-ETFs aus dem Ausland, da sie keine zu versteuernden ausschüttungsgleiche Erträge erzielen.

Doch wie finden Sie nun heraus, ob genau Ihr ETF steuereinfach oder steuerhässlich ist?

Dazu konsultieren Sie bitte abermals die Internetseite justetf.com und suchen dort nach Ihrem ETF. Tippen Sie dazu einfach die ISIN oder die WKN in das Suchfeld der Unterseite »ETF-Suche« ein. In meinem kleinen Beispiel werde ich Ihnen die Recherche einmal für den ComStage MSCI World TRN UCITS ETF vorspielen. Die ISIN dieses Fonds lautet LU0392494562.

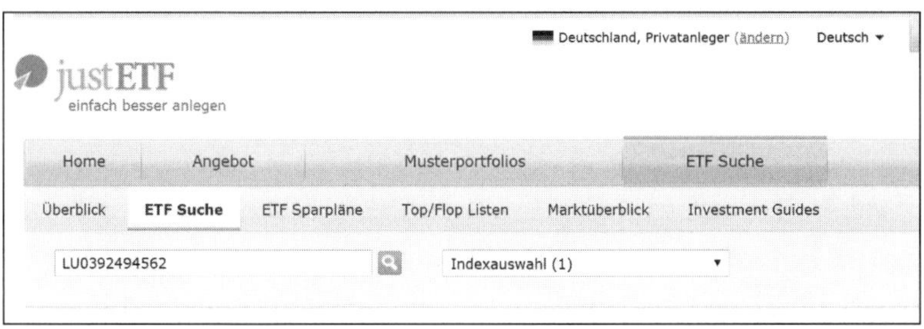

(Quelle: Screenshot justETF)

Per Klick auf den Fondsnamen im Suchergebnis öffnet sich die Detailseite mit allen wichtigen Informationen und Links. Öffnen Sie die Stammdaten, werden Sie auf einen Blick erkennen, dass der ComStage MSCI World TRN UCITS ETF sein Fondsdomizil in Luxemburg, also im Ausland, besitzt und gleichzeitig thesauriert.

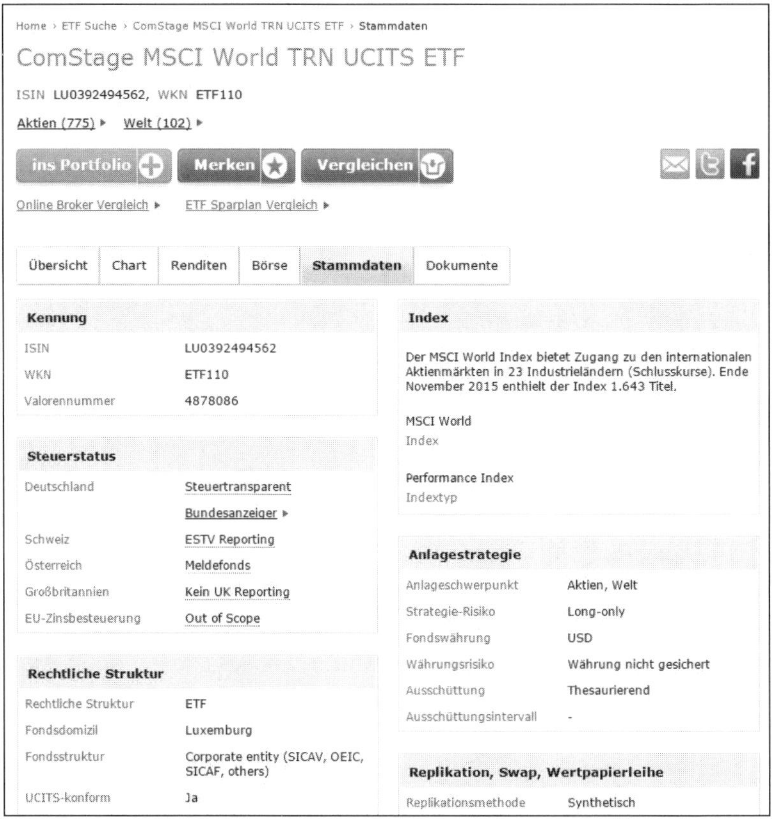

(Quelle: Screenshot justETF)

Zurück auf der Unterseite »Übersicht« finden Sie am unteren Ende, unter der Überschrift »Ertrag/Steuern«, auch einen Link zum Bundesanzeiger.

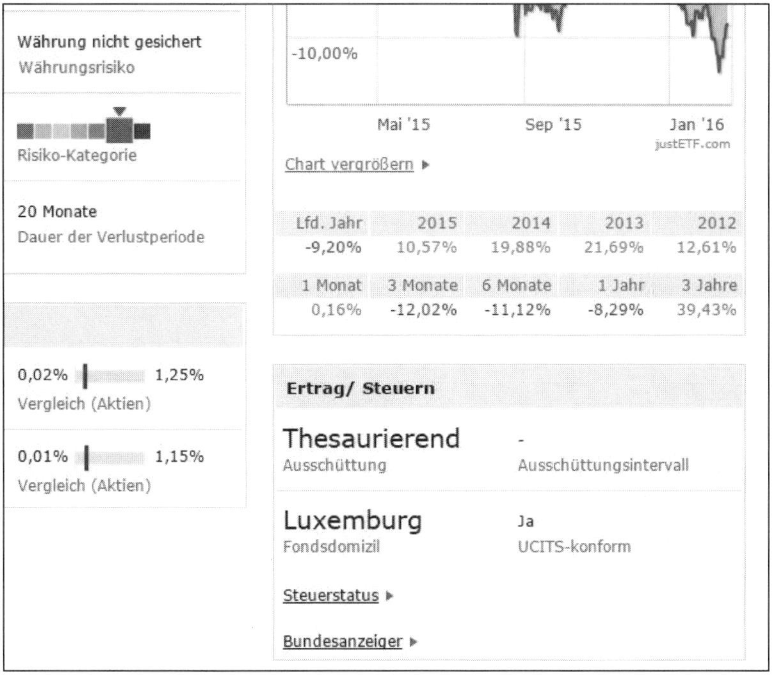

(Quelle: Screenshot justETF)

Hinter diesem Link versteckt sich eine Auflistung aller juristischen Vorschriften des deutschen Gesetzgebers, die für diesen ETF relevant sind.

Entscheidend für unsere Recherche sind »Besteuerungsgrundlagen für das Geschäftsjahr vom 1. Juli 2013 bis 30. Juni 2014«, die Sie an Position zwei der Dokumentenliste finden.

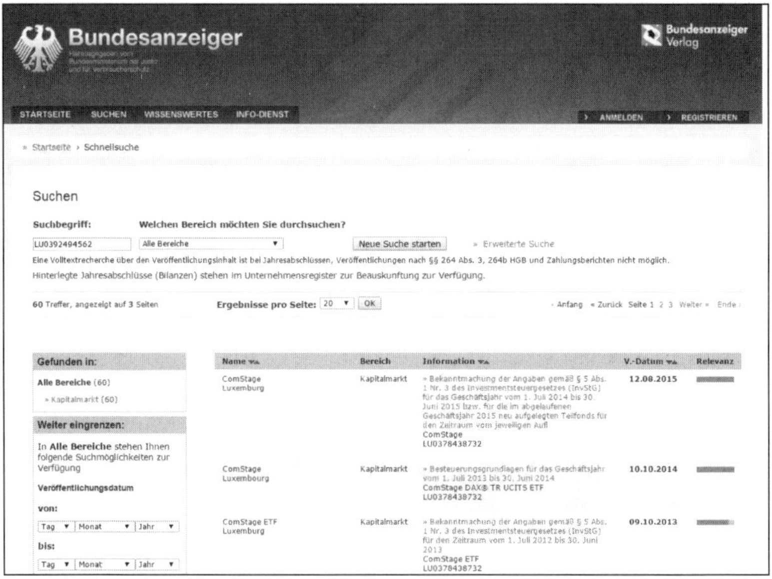

Bundesanzeiger

Klicken Sie auf diesen Punkt, werden Sie die steuerlichen Daten des ComStage MSCI World TRN UCITS ETF finden. Und wir sehen sehr schnell, dass der ETF natürlich, da er ein ausschüttender Fonds ist, keine Erträge ausgeschüttet hat. Aber wir sehen auch, dass keinerlei »ausschüttungsgleichen Erträge« vermerkt sind.

ComStage DAX® TR UCITS ETF

Steuerliche Daten für das Geschäftsjahr vom 1. Juli 2013 bis 30. Juni 2014
gemäß § 5 Abs. 1 S. 1 Nr. 1 und 2 InvStG

ISIN: LU0378438732

WKN: ETF001

		Privat-anleger EUR	Betrieblicher Anleger (KStG) EUR	Betrieblicher Anleger (EStG) EUR
§ 5 Abs. 1 Nr. 1 a)	Betrag der Ausschüttung	0.0000	0.0000	0.0000
§ 5 Abs. 1 Nr. 1 a) aa)	Darin enthaltene ausschüttungsgleiche Erträge der Vorjahre	0.0000	0.0000	0.0000
§ 5 Abs. 1 Nr. 1 a) bb)	Darin enthaltene Substanzbeträge	0.0000	0.0000	0.0000
§ 5 Abs. 1 Nr. 1 b)	Betrag der ausgeschütteten Erträge	0.0000	0.0000	0.0000
	Ausschüttungsgleiche Erträge	0.0000	0.0000	0.0000
	In den ausschüttungsgleichen / ausgeschütteten Erträgen enthaltene			
§ 5 Abs. 1 Nr. 1 c) aa)	Erträge i. S. d. § 2 Abs. 2 Satz 1 InvStG i. V. m. § 3 Nr. 40 EStG oder im Fall des §16 InvStG i.V.m. § 8b Abs. 1 KStG	-	0.0000	0.0000
§ 5 Abs. 1 Nr. 1 c) bb)	Veräußerungsgewinne im Sinne des § 2 Abs. 2 S. 2 InvStG i.V.m. § 8b Absatz 2 KStG oder § 3 Nr. 40 EStG	-	0.0000	0.0000
§ 5 Abs. 1	Erträge im Sinne des § 2 Abs. 2a InvStG	-	0.0000	0.0000

Steuerliche Daten des ComStage MSCI World TRN UCITS ETF

Der ComStage MSCI World TRN UCITS ETF ist somit steuereinfach.

Wird aber für Ihren Indexfonds ein »ausschüttungsgleicher Ertrag« über null angegeben, müssen Sie diesen in der Anlage KAP Ihrer Steuererklärung als Ertrag angeben.

Und ein kleiner Geheimtipp: Als thesaurierender ETF auf den weit gestreuten MSCI ist mein Beispielfonds durchaus einen zweiten Blick wert.

Generell gilt: Thesaurierende steuereinfache ETFs sind anderen Indexfonds vorzuziehen.

Der Freistellungsauftrag

Um sich allzu lästige Arbeiten an Ihrer Steuererklärung zu ersparen und die Kommunikation mit dem Finanzamt auf das Nötigste zu beschränken, sollten Sie bereits bei der Einrichtung Ihres Depots unbedingt einen Freistellungsauftrag ausfüllen und der Bank übergeben. Zwar könnten Sie natürlich den Sparerpauschbetrag in Höhe von 801 beziehungsweise 1.602 Euro auch am Jahresende durch die Abgabe der Steuererklärung inklusive der Anlage für Einkünfte aus Kapitalvermögen, kurz KAP, geltend machen. Aber dies wäre mit einem erheblichen regelmäßigen Mehraufwand verbunden, den wir natürlich im Sinne unserer »Formel der Champions« strikt vermeiden wollen. Sinnvoller ist es doch, die Bank leitet die Abgeltungssteuer gar nicht erst an das Finanzamt weiter. Und um genau dies zu bewirken, dient der Freistellungsauftrag.

Das Formular für den Freistellungsauftrag finden Sie auf der Internetseite der Direktbank Ihrer Wahl. Den Freistellungsauftrag können Sie auch parallel bei mehreren Banken für mehrere Konten und Depots abgeben. Dann müssen Sie aber den Pauschbetrag von 801 beziehungsweise 1.602 Euro so auf die einzelnen Konten und Depots aufteilen, dass er mit den von Ihnen erwarteten Erträgen übereinstimmt beziehungsweise dass diese Erträge möglichst den freigestellten Betrag nicht überschreiten und die freigestellten Beträge bei den verschiedenen Banken möglichst voll ausgeschöpft werden.

Steuern sparen mit dem Kinder-Depot – Die Nichtveranlagungsbescheinigung

Falls Sie ein sehr geringes Einkommen beziehen, das heißt konkret ein jährliches Einkommen maximal in Höhe des steuerfreien Betrags von aktuell 8.652 Euro, können Sie bei Ihrem Finanzamt diese NV-Bescheinigung beantragen. Legen Sie sie Ihrer Bank vor, wird diese Ihnen Ihre Kapitalerträge maximal drei Jahre lang steuerfrei auszahlen – selbst dann, wenn Ihre Gewinne über dem Sparerpauschbetrag liegen.

Häufig greifen Rentner zu dieser Möglichkeit. Aber auch zum Wohle Ihrer Kinder können Sie von dieser Möglichkeit Gebrauch machen. Denn wie Erwachsene hat auch Ihr Nachwuchs Anspruch auf den Grundfreibetrag und Sparerpauschbetrag. Haben Sie also ein Depot für Ihr Kind eingerichtet, versuchen Sie einfach, die NV-Bescheinigung von Ihrem Finanzamt zu ergattern. Die Entscheidung über Erteilung ist zwar Ermessenssache des jeweiligen Sachbearbeiters. Aber Sie sollten nichts unversucht lassen. Am besten setzen Sie einen Schenkungsvertrag auf, in dem Sie darlegen, dass Sie das Geld, das Sie auf das Verrechnungskonto Ihres Kindes einzahlten, beziehungsweise die Wertpapiere, die Sie in das entsprechende Depot übertrugen, nicht mehr anrühren werden. Dann wird Ihnen der Sachbearbeiter womöglich glauben, dass Sie auch von den Erträgen nicht profitieren wollen.

Denn denken Sie daran: Bis zum 18. Geburtstag des Sprösslings sind Sie als Erziehungsberechtigter der Verwalter seines Vermögens. Ihnen ist aber untersagt, daraus einen finanziellen Nutzen zu ziehen beziehungsweise das geschenkte Geld für eigene Zwecke zu verbrauchen. Im Zweifelsfall wird Ihre Bank das Familiengericht zurate ziehen.

Die Steuererklärung ausfüllen

Ganz gleich, wie Sie mit dem Sparerpauschbetrag und der Nichtveranlagungsbescheinigung umgehen, kann es sich für Sie und Ihr Kind lohnen, die jährlichen Steuererklärungen mit besonderer Sorgfalt auszufüllen. Denn oft lassen sich hier noch einige Euros von den Finanzämtern zurückholen.

Im Fokus steht die Anlage KAP der Steuererklärung, über die Sie die Kapitalerträge abrechnen. Dazu zählen alle Erträge aus den privaten Kapitalvermögen, inklusive ausländischen Fonds und Tagesgeldkonten. Auch müssen Sie alle Gewinne eintragen, die Sie im vorangegangenen Jahr mit ab 2009 erworbenen Aktien und anderen Wertpapieren erzielt haben. Hierfür sind die *Zeilen 7 bis 11 der Anlage* vorgesehen.

	Kapitalerträge, die dem inländischen Steuerabzug unterlegen haben		Beträge lt. Steuerbescheinigung(en) EUR		korrigierte Beträge (lt. gesonderter Aufstellung) EUR
7	Kapitalerträge	10	,–	20	,–
8	In Zeile 7 enthaltene Gewinne aus Aktienveräußerungen i. S. d. § 20 Abs. 2 Satz 1 Nr. 1 EStG	12	,–	22	,–
9	Ersatzbemessungsgrundlage i. S. d. § 43a Abs. 2 Satz 7, 10, 13 und 14 EStG (enthalten in Zeile 7)	14	,–	24	,–
10	Nicht ausgeglichene Verluste **ohne** Verluste aus der Veräußerung von Aktien	15	,–	25	,–
11	Nicht ausgeglichene Verluste aus der Veräußerung von Aktien i. S. d. § 20 Abs. 2 Satz 1 Nr. 1 EStG	16	,–	26	,–

Zeilen 7 bis 11 der Anlage KAP

Kapitalertragssteuern, die Sie bereits als Quellensteuer im Ausland zahlen mussten, sollten Sie auf dem Formular in *Zeile 15* unbedingt angeben, um sie auf die in Deutschland zu zahlende Abgeltungssteuer anrechnen lassen zu können.

	Kapitalerträge, die nicht dem inländischen Steuerabzug unterlegen haben		EUR
14	Inländische Kapitalerträge (ohne Betrag in Zeile 19)	30	,–
15	Ausländische Kapitalerträge (ohne Betrag in Zeile 57)	34	,–
16	In den Zeilen 14 und 15 enthaltene Gewinne aus Aktienveräußerungen i. S. d. § 20 Abs. 2 Satz 1 Nr. 1 EStG	32	,–
17	In den Zeilen 14 und 15 enthaltene Verluste **ohne** Verluste aus der Veräußerung von Aktien	35	,–
18	In den Zeilen 14 und 15 enthaltene Verluste aus der Veräußerung von Aktien i. S. d. § 20 Abs. 2 Satz 1 Nr. 1 EStG	36	,–
19	Zinsen, die vom Finanzamt für Steuererstattungen gezahlt wurden	60	,–

Zeilen 14 bis 19 der Anlage KAP

Des Weiteren haben Sie die Möglichkeit, überprüfen zu lassen, ob Sie überhaupt die volle Höhe der Kapitalertragssteuer zahlen müssen und ob Ihre Bank nicht vielleicht zu viel Steuergeld vorab abgeführt hat. Gelegenheit, entsprechende Anträge einzureichen, haben Sie in den *Zeilen 4 und 5 der Anlage.*

	Anträge			
4	Ich beantrage die Günstigerprüfung für sämtliche Kapitalerträge. (Bei Zusammenveranlagung: Die Anlage KAP meines Ehegatten / Lebenspartners ist beigefügt.)	01		1 = Ja
5	Ich beantrage eine Überprüfung des Steuereinbehalts für bestimmte Kapitalerträge.	02		1 = Ja

Zeilen 4 und 5 der Anlage KAP

Schenkung und Erbschaft

Genauso, wie wenn Sie dem Kind einmalig eine große Geldsumme als Erbe überlassen oder als Schenkung übergeben, wird auch beim regelmäßigen Besparen eines Fonds die Erbschafts- und Schenkungssteuer fällig. Denn die Finanzämter erachten jede Form der finanziellen Schenkung als vorgezogenen Erbfall. Jede Ihrer Sparraten, die Sie in den ETF-Sparplan im Depot eines Kindes einfließen lassen, wird Ihrer Verfügungsgewalt entzogen. Die Erziehungsberechtigten sind bis zur Volljährigkeit mit der (nicht uneingeschränkten) Verwaltung des Depots beauftragt. Jede Ihrer Sparraten gilt somit als Schenkung und unterliegt den entsprechenden steuerlichen Regelungen. Auch Eltern, die das Depot ihres Kindes über einen Sparplan füttern, können nicht ohne Weiteres die Gelder wieder abziehen. Die Banken und im Zweifelsfall auch die Familiengerichte untersuchen die Beweggründe und Motive sehr genau, wenn Eltern das Vermögen ihrer Kind zum Unterhalt oder gar für ganz andere Dinge verwenden wollen.

Die zur Berechnung der Erbschafts- und Schenkungssteuer relevanten Zahlungen werden über zehn Jahre zusammenaddiert. In diesem Zeitraum dürfen Eltern 400.000 Euro an ihre Kinder verschenken, ohne Steuern zahlen zu müssen. Für Großeltern liegt der Freibetrag bei 200.000 Euro. Paten sowie andere Bekannte und Verwandte dürfen 20.000 Euro steuerfrei verschenken. Grundsätzlich gilt, dass, je mehr Steuern fällig werden, desto näher der Schenker und der Beschenkte verwandt sind, wobei als »enge Verwandtschaft« vor allem die Abstammung in gerader Linie gilt. Geschwister sind demnach nicht so eng verwandt, und auch der Verwandtschaftsgrad zwischen Tante beziehungsweise Onkel und Nichte beziehungsweise Neffe ist aus steuerlicher Sicht nicht sehr eng.

Das deutsche Steuerrecht wäre aber nicht das deutsche Steuerrecht, wenn es nicht auch hierzu noch einige Feinheiten zu beachten gäbe. Denn die Geldsummen, die als Schenkung dem späteren Erbe zugeschlagen und damit steuerpflichtig werden, hängen ab vom Zeitpunkt ihrer Auszahlung. Nur die mehr als zehn Jahre vor dem Tod des Erblassers geschenkten Gelder bleiben steuerfrei. Alles andere wird dem Erbe zugeschlagen und unterliegt somit mit dem Teil, der über den genannten Steuerfreibeträgen liegt, der Erbschaftsteuer.

Zudem wird noch zwischen unbeschränkter und beschränkter Steuerpflicht unterschieden. Das gesamte Erbe beziehungsweise die gesamte Schenkung unterliegt nur dann der beschränkten Steuerpflicht, wenn zum Zeitpunkt der Schenkung oder des Erbfalls Schenker und Beschenkter Ausländer sind.

Das deutsche Erbschafts- und Schenkungssteuerrecht ist wahrlich komplex. Für eine erste Berechnung der in Ihrem persönlichen Fall womöglich fälligen Steuersumme nutzen Sie bitte diesen Online-Rechner:

http://bit.ly/geldkind-schenkung

Um Details Ihres Falls zu klären, sollten Sie jedoch einen Steuerberater kontaktieren. Das kann Ihnen im Zweifelsfall einige Euros Steuergeld einsparen.

07

Und wenn der Crash kommt?

»Das Geldsystem kann jederzeit zusammenbrechen. Die Börsen stehen vor einem fulminanten Crash. Die Wirtschaft wird über Jahre am Boden liegen.« So oder ähnlich lauten die Vorhersagen mancher ernstzunehmender Analysten und Vermögensberater. Die Angst geht um. Und Angst ist ein machtvoller Einflussfaktor für die menschliche Psyche. Sie kann uns schützen. Sie kann uns aber auch lähmen.

Und genau Letzteres sollten Sie als Erschaffer des Vermögens Ihres Nachwuchses zu verhindern wissen.

Kein Geld anzulegen, ist keine Lösung.

Natürlich steht unser Finanzsystem auf tönernen Füßen. Und natürlich geht von diesem labilen Fundament eine immense Gefahr aus. Doch sollten wir dies zum Anlass nehmen, unsere Chancen und die unserer Kinder ungenutzt liegen zu lassen? Sollte dies ein Anlass sein, uns deprimiert zu verkriechen und in Schockstarre zu verharren? Die große Geldpolitik können wir nicht beeinflussen. Aber im Kleinen, in unserem individuellen sozialen Rahmen können wir handeln ... Und vor allem können wir alles daran setzen, unseren Kindern ein besseres Erbe zu hinterlassen.

Wer kann schon wissen, was genau wann, wo und in welchem Ausmaß geschehen wird? Auch wenn die Propheten des Untergangs noch so laut schreien: Auch sie geben nur die Ergebnisse Ihrer immer auf begrenzten Erkenntnissen basierenden Analysen zum Besten. Auch sie unterliegen der Wissens-Illusion. Die Geschichte der Menschheit und ihrer zahlreichen Geldsysteme zeigt eindeutig: Eines Tages werden die Möglichkeiten der Zentralbanken ein natürliches Ende gefunden haben. Eines Tages wird die Gelderzeugung aus dem Nichts keine Lösung für gravierende fiskalpolitische Fehlentwicklungen mehr bieten. Dann wird es zu massiven Umwälzungen kommen. Dann wird es auch währungstechnische Umstellungen geben. Doch wird dadurch der Kapitalismus, die freie Marktwirtschaft, die Funktionsweise der Börsen und Märkte in ihrem Kern angegriffen?

Nein. Die natürliche Ordnung, in der die Menschen seit Jahrtausenden bereits weitgehend friedlich zusammenleben, ist der Kapitalismus. Seine Werkzeuge sind die Märkte, auf denen die Menschen zusammentreffen und, ohne dass sie sich in den meisten Fällen vorher schon kannten, Geschäfte zum gegenseitigen Nutzen abschließen. Diese Märkte funktionieren unabhängig von der Frage, welche Art Tauschmittel eingesetzt werden. Dies kann das staatlich regulierte Papiergeld sein. Es können aber auch Währungen aus Edelmetallen sein. Es kann alles das sein, worauf sich die Beteiligten des jeweiligen Geschäfts einigen.

Auch die Aktienmärkte sind, trotz all ihrer immer komplexeren Strukturen und Details, Märkte in diesem Sinne. Und sie werden Märkte bleiben – ganz gleich, wie sich unsere Tauschmittel noch entwickeln werden. Der Kapitalismus wird jeden Schachzug der Zentralbanker überleben. Märkte sind stärker als die

Politik. Und die Wirtschaftshistorie zeigt, dass Unternehmen selbst alles umwälzende Währungskrisen meistern können.

Die Münchener Rück, heute eine der größten Versicherungsgesellschaften der Welt, hatte beispielsweise während der Hyperinflation im Jahr 1923 mächtig zu kämpfen. Während die Höhe ihrer Einnahmen vertraglich fixiert war, explodierten ihre Ausgaben. Die Schadensregulierung wurde für sie durch die Inflation immer teurer. Zeitgleich entwertete die Inflation die bestehenden Werte in der Bilanz des Unternehmens. Ihre Rücklagen, ihre Absicherung für zukünftige Schadensfälle, wurden nahezu wertlos. Doch auch diese harte Zeit hat das Unternehmen genauso überstanden wie die anschließende Weltwirtschaftskrise, den Zweiten Weltkrieg und später die Währungsumstellung in Deutschland. Heute zählt die Münchener Rück zu den größten Konzernen der Welt.

Und auch der kleine Bruder des Währungscrashs, der Börsenabsturz, kann immer wieder geschehen. Allgemeine Kurseinbrüche um ein Drittel innerhalb von zwei Jahren sind nahezu normal. Die Sägeblattzahnkurve ist der Regelfall. Dies bedeutet, dass es meist erst drei Schritte nach oben geht und im Anschluss zwei Schritte nach unten. Einbrüche und Abstürze wird es auch immer wieder geben. Nicht nur weil Politiker und Banker Fehler machen, sondern auch, weil die Zukunft niemals zu 100 Prozent genau prognostiziert werden kann. Vermeintliche Experten machen deshalb genauso Fehler wie kleine Privatanleger. Hinzu kommt das Herdenverhalten des Menschen, das dazu führt, dass sich Kurseinbrüche und pessimistische Phasen fast wie von selbst verstärken.

Wundern Sie sich also nicht, wenn in regelmäßigen Abständen die Kurse abstürzen und gerne auch mal für zwei oder drei Jahre am Boden verharren. Es wird wieder aufwärtsgehen. Überhitzte Märkte brauchen den Selbstreinigungsprozess, das Zurück zur

Normalität. Und dieser Weg kann für jeden einzelnen Investor schmerzhaft sein.

Für Sie als langfristigen Anleger, der weiter konsequent Monat für Monat einen bestimmten Betrag für seine Kinder zurücklegt, ist es außerdem überhaupt kein Problem, wenn es zwischendurch auch mal an der Börse nach unten geht. Sie können sich darüber sogar freuen. Warum? Weil Sie, wenn die Kurse fallen, relativ gesehen für ihre feste Sparrate mehr Anteile an einem ETF erwerben, als das bei höheren Kursen der Fall wäre. Außerdem halten gute Unternehmen gerade in Krisenzeiten Sie als Aktionär mit einer stabilen Dividende bei der Stange.

Der lange Anlagehorizont Ihres Nachwuchses sollte Ihnen den Mut und die Kraft geben, große und kleine Krisen an den Märkten zu überstehen. Selbst vor dem Hintergrund, dass Einzelwerte teilweise 80 Prozent oder mehr innerhalb von Krisenjahren verloren haben, sind Aktien heute dennoch die langfristig ertragreichste Anlageklasse. Und Aktien bieten Schutz vor der Inflation unseres Papiergeldsystems, da sie stets das Eigentum an einem Unternehmen und seinen Gütern und Waren verbriefen.

Die enorme Volatilität der Aktien, ihre Schwankungsbreite, ist die Kehrseite der Rendite-Medaille. Auch Exchange Traded Funds, sofern sie nicht in der Swap-Variante synthetisch replizieren, verbriefen auf dem Umweg über die emittierende Fondsgesellschaft einen Eigentumsanspruch. Und dieses Eigentum ist unabhängig von gerade aktuellen Währungs- und Tauschmittelmoden, unabhängig von gesellschaftlichen Stimmungen und politischen Krisen. Über den langen Zeitraum wird das Vermögen Ihrer Kinder in Form von ETFs mit großer Wahrscheinlichkeit wachsen. Erinnern möchte ich Sie an dieser Stelle nochmals an den Rendite-Risiko-Vergleich aus dem Kapitel »Geduld zahlt sich aus – Der Anlagehorizont«. Für den DAX hat das Deutsche Aktieninstitut einen solchen Vergleich für die Jahre 1948 bis 2011 erstellt.

Ein erster Blick genügt bereits, um sich das Potenzial der Aktie zu vergegenwärtigen. Je dunkler das Feld, umso höher fiel die Rendite der Aktie im jeweiligen Jahr aus. Quintessenz: Je länger die Haltedauer, desto höher die Rendite und desto geringer die Verlustrisiken.

Und dies hat nicht zuletzt ganz handfeste realwirtschaftliche Ursachen. Die Weltbevölkerung wächst unablässig, besonders in den Entwicklungs- und Schwellenländern. Diese Menschen haben den berechtigten Wunsch nach Wohlstand. Dank des Kapitalismus und ihres persönlichen Fleißes werden sie nach und nach in immer besseren Verhältnissen leben können. Ihre Situation wird sich der unsrigen in den Industriestaaten annähern. Ganz unabhängig von kurzfristigen Zyklen und Krisen ist dies ein Trend, der die Menschheit seit Jahrhunderten begleitet: Der Drang zu Höherem, nach Wachstum, Wohlstand und Fortschritt. Sie als Anleger können und sollten darauf vertrauen.

Und lassen Sie sich bitte auch nicht von der alten Mär aus der Bankenbranche beirren, nach der ein aktiver Fondsmanager in Krisenzeiten Verluste abmildern könnte, während ein Indexfonds-Anleger hilflos ausharren müsste. In der Theorie leuchtet dies ein. Doch die historischen Daten zeigen, dass aktive Fonds in Krisenzeiten genauso häufig falsche Entscheidungen treffen wie in Phasen des Aufschwungs. Krise hin oder her: Daytrading und Stockpicking (also der Versuch einzelne Stocks = Aktien in der Hoffnung »herauszupicken«, dass sie sich besser als der Markt entwickeln) bescheren nur in den seltensten Fällen die besseren Ergebnisse.

DAX-Rendite-Dreieck
Quelle: Deutsches Aktieninstitut

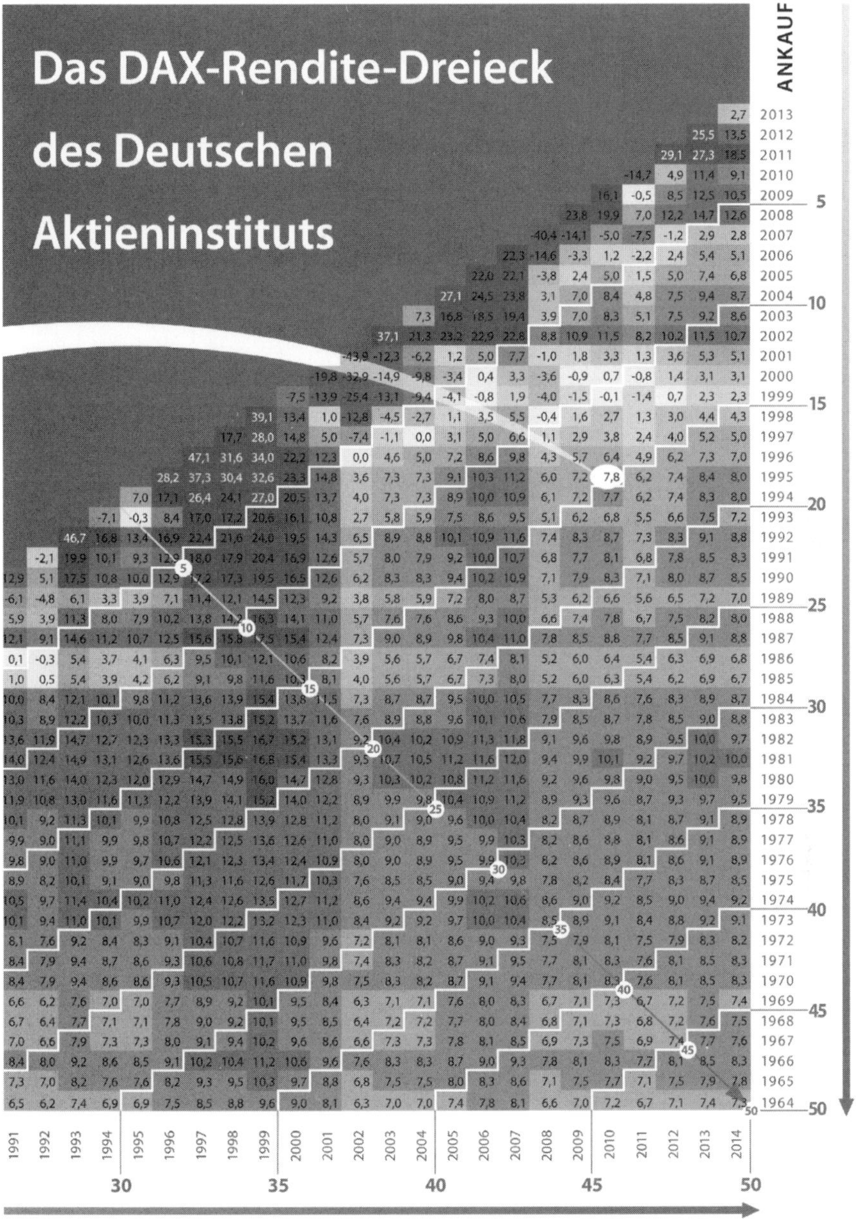

Stand: 31. Dezember 2014

DAX-Renditen seit 1948

Gleichwohl wäre es fahrlässig, gar keine Vermögensabsicherung zu betreiben. Der Vermögensaufbau für die Kinder wäre unvollständig ohne einen gezielten Plan B. Und dieser muss lauten, das Vermögen von heute für morgen zu konservieren, seine Kaufkraft eins zu eins an Ihre Kinder weiterzugeben. Wie dies effizient geschehen kann, zeige ich Ihnen im folgenden Kapitel.

08

Rettungsboote bauen aus Gold und Silber

Mit Edelmetallen lässt sich auf lange Sicht kaum Vermögen bilden, aber elegant konservieren. Gold und Silber zeichnen sich dadurch aus, dass keine Gläubigerbeziehung existiert. Das bedeutet, dass Ihnen, wenn Sie Gold oder Silber halten, keine andere Person etwas schuldet. Es gibt keinen Gegenspieler, der eines weniger schönen Tages nicht mehr zahlen könnte. Mit Gold und Silber sind keine Zahlungsströme oder Eigentumsverhältnisse verbrieft. Gold und Silber sind Eigentum und würden erst dann wertlos werden, wenn die Menschheit den beiden Metallen keinerlei Wert mehr beimessen würde. Doch ein solcher Fall lässt sich in der Historie nicht finden. Vor allem Gold gilt seit frühester Zeit als verlässlicher Wertspeicher und hat sich als solcher tief in die Hirne und Herzen der Menschen eingebrannt.

Machen wir uns nichts vor. Gold und Silber eignen sich hervorragend zur Absicherung von Vermögen und Kaufkraft. Ich rate Ihnen also, schon frühzeitig in Edelmetalle zu investieren. Auf diesem Wege können Sie sichergehen, Ihrem Kind, wenn es das

Haus verlässt, zumindest ein fixes Vermögen übergeben zu können – ganz unabhängig von der Frage, ob Ihre ETF-Investments gute oder schlechte Renditen einfahren konnten oder nicht.

Doch in welcher Form können und sollten Sie in Edelmetalle investieren? Und wie lässt sich das Ganze möglichst effizient bewerkstelligen?

Ein Bankberater würde Ihnen nun zu Gold-ETCs raten, also zu Exchange Traded Commodities, zertifizierten Schuldverschreibungen. In der Praxis sind dies teilweise, ähnlich wie Swap-ETFs, synthetisch replizierende Vehikel, bei denen die Zahlungsströme mit Gold besichert werden. Als Vorteile dieser Wertpapiere werden oft und gerne der börsentägliche Handel und damit einhergehend die Möglichkeit zur Gold-Spekulation angeführt. Auch die billige Lagerung dieses Buchgoldes im Depot wird oft als Argument für einen ETC-Kauf angeführt.

Ich aber rate Ihnen von solcherlei Papieren ab. Schließlich sollten Sie mit einem Edelmetall-Engagement einen klaren Gegenpart zu Ihrem auf Wertpapier basierenden ETF-Investmentplan erschaffen. Konkret bedeutet dies, dass Sie besser Gold und Silber in physischer Form einlagern. Ohne Wenn und Aber. Nur so kann Ihr Plan B auch in einem Worst-Case-Szenario greifen. Edelmetalle, die Sie heute kaufen, übergeben Sie in einigen Jahren eins zu eins an Ihren Nachwuchs.

Doch wie?

Zunächst zum Kauf: Achten Sie hier unbedingt auf die Reinheit des Metalls. Bei Gold sollte sie mindestens 995, bei Silber 999 betragen. Der Wert 999 besagt dabei, dass 99,99 Prozent des Gewichtes eines Barren oder einer Münze von purem Gold oder Silber stammt. Des Weiteren sollten Sie sich vorab über die Stückelung dieser Vermögensanlage Gedanken machen. Die Barrenform erlaubt das Lagern sehr großer Mengen, aber auch sehr kleiner Mengen, während Münzen auch Investments für den schmalen Geldbeutel zulassen. Große Barren sind, gemessen am reinen Materialwert, allerdings deutlich günstiger in der Anschaffung. Denn je höher das Gewicht, desto geringer fallen die Preisaufschläge des Herstellers und des Händlers aus. Unter den Münzen gibt es von Jahr zu Jahr auch immer wieder neue interessante Exoten aus aller Herren Länder, doch wenn Sie auf Nummer sicher gehen möchten, sollten Sie zu den altbewährten Maple Leafs aus Kanada, den Wiener Philharmonikern, dem südafrikanischen Krügerrand, dem australischen Kookaburra, dem American Eagle oder dem chinesischen Panda greifen. Kleinere Stückelungen haben ihr Gutes, wenn Sie aufgrund eines nicht vorhergesehenen Ereignisses die Edelmetallanlage doch wieder angreifen müssen. In solchen Fällen wäre es natürlich von Vorteil, nicht direkt einen großen Barren wieder verkaufen zu müssen. Kaufen Sie die Münzen im besten Fall vor Ort in einer Filiale der großen bekannten Münzhändler wie Degussa oder pro aurum. Und wenn Sie mit Bargeld bezahlen, bleiben Sie dabei auch völlig anonym, sofern Sie nicht die Grenze von 15.000 Euro erreichen.

Noch ist Gold heute mehrwertsteuerfrei, wenngleich nicht sicher ist, dass das Finanzministerium auf der Suche nach neuen Einnahmequellen es dauerhaft dabei belassen wird. Für Silbermünzen gilt seit dem Jahr 2014 der volle Steuersatz von 19 Prozent.

Bei der Lagerung sollten Sie meines Erachtens zweigleisig fahren. Große Barren lagern Sie in einem Bankschließfach, kleine Barren und Münzen legen Sie in den hauseigenen Tresor. Erkundigen Sie sich bei Ihrer Bank, ob sie nur eine gewisse Höchstsumme versichert hat, und passen Sie diese Summe bei Bedarf und Möglichkeit an den Wert Ihres Schließfachinhaltes an.

Haben Sie nicht viel Geld auf der hohen Kante, das Sie in einem Zug in Edelmetalle für den Nachwuchs investieren können oder wollen, rate ich Ihnen zu folgender Vorgehensweise: Konzentrieren Sie sich auf Silber – das Gold des kleinen Mannes. Verfolgen Sie die Kursentwicklung des Metalls und legen Sie jeden Monat so viel Geld zur Seite, dass Sie pro Kind und Monat eine Feinunze (das Standardgewicht der klassischen Anlagemünze, 31,1 Gramm) Silber kaufen können. Besuchen Sie aber nicht jeden Monat den Edelmetallhändler Ihres Vertrauens, sondern sparen Sie 20 Monate lang. Nach 20 Monaten kaufen Sie für jedes Kind eine Münztube Silber. Die Münztube ist eine klassische Verpackungseinheit für Anlagemünzen und beinhaltet genau 20 Münzen. Auf diesem Wege sparen Sie Zeit, profitieren vom Cost-Average-Effekt und erhalten gleichzeitig eine praktikable Aufbewahrungsmöglichkeit für den Silberschatz Ihres Nachwuchses. Die Tuben werden Sie später dringend brauchen. Denn wenn Sie auch nur zehn Jahre lang diese Strategie verfolgen, werden Sie am Ende 120 Münzen gesammelt haben – nahezu vier Kilogramm Silber im Gegenwert von heute 1.651 Euro (Stand 21. Februar 2016). Verfolgen Sie diesen kleinen Silber-Sparplan gar über 20 Jahre, werden Sie Ihrem Kind einen Schatz im heutigen Wert von mehr als 3.300 Euro übergeben können.

Und denken Sie daran: Dies ist ein Schatz, dessen Wert von keinem Börsensturz, keiner politischen Krise, keinem Finanzcrash und keiner Währungsumstellung dieser Welt gemindert werden kann. Ganz im Gegenteil. Ihr Edelmetallschatz wird seine Kaufkraft nie gänzlich verlieren. Er ist ein klassischer Hedge, eine ideale Absicherung gegen Börsenturbulenzen aller Art. Denn eines hat die Menschheitsgeschichte immer wieder gezeigt: Wenn das Papiergeld an Wert verliert, stehen Gold und Silber auf der Sonnenseite.

09

... und die selbstgenutzte Immobilie?

Seien wir mal ehrlich: Wer heute als halbwegs gut verdienender Familienvater nicht ein Häuschen für seine Frau und die Kinder angeschafft hat, gilt als Idiot. Er hat irgendetwas falsch gemacht oder ist aufsässig, hat keine Ahnung von Geld und, noch viel schlimmer, von dem, was wirklich wichtig ist für seine Kinder. Denken Sie nicht auch so?

Der Mittelschichts-Durchschnittsdaddy ist schnell bei der Hand, wenn es darum geht, sich für ein schnödes Fertighaus jahrzehntelang an eine Bank zu binden. Für ein unauffälliges Eigenheim in der Peripherie einer nicht allzu großen Stadt muss er locker 4.000 bis 5.000 Euro brutto verdienen. 20 Jahre lang. Wenn es gut geht.

Die Rechnung ist nicht allzu kompliziert. Hier ein Beispiel, das ich im Bekanntenkreis aufgeschnappt habe:

Kaufpreis eines Hauses in der Neubausiedlung am Rande einer Kleinstadt: 250.000 Euro
Nebenkosten und Möbel: 70.000 Euro
Gesamtsumme: 320.000 Euro
Anzahlung: 50.000 Euro
Kredithöhe: 270.000 Euro
Jährliche Kreditrate bei 20 Jahren Laufzeit: ungefähr 20.000 Euro
Jährliche Erhaltungskosten: 5.000 Euro
Jährliche Gesamtbelastung: 25.000 Euro
Notwendiger jährlicher Bruttoverdienst: mindestens 40.000 Euro

Die genauen Zahlen spielen aber gar nicht die entscheidende Rolle. Die finanzierenden Geschäftsbanken sorgen schon dafür, dass Papa und Mama nicht so schnell dem Hamsterrad entfliehen können. Entweder können sie sich den Schuldendienst gerade noch eben so leisten – die Tilgung setzt natürlich erst ein, wenn beide alt und grau sind –, oder Sie können sich ihn, aufgrund eines Jobverlustes oder Schicksalsschlages, gerade nicht mehr leisten. In diesem Fall wird umgeschuldet, neuverschuldet, wieder verschuldet. Doch der Schuldenberg wird nie kleiner. Das Hamsterrad hört nicht auf sich zu drehen. Und Sie müssen beileibe kein Mathematik-Genie sein, um zu erkennen, dass ein auf Pump erstandenes Eigenheim einer Verpfändung von Leben und Freiheit gleichkommt.

Natürlich kann Ihr Betongold irgendwann einmal ein schönes Erbstück für Ihre Kinder darstellen, keine Frage. Doch bis dahin muss die Immobilie erst einmal abbezahlt werden. Dieses Unterfangen kann ein wahrlich steiniger Weg sein. Gelingt es Ihnen letztlich, haben Sie gut gewirtschaftet, hart gearbeitet und meine herzlichsten Glückwünsche verdient. In einem solchen Fall könnte sich der Kredit womöglich noch als Investment herausstellen, wenn Ihnen in der Folgezeit noch einige Jahre bleiben, in denen Sie sich über eingesparte Mietzahlungen freuen können.

Allerdings stellt sich auch und gerade mit Blick auf Ihre Kinder, Patenkinder und Enkel ein Investment in andere Sachwerte als weitaus bessere Alternative dar. Aktien und Fondsanteile werden in den vielen Jahren, in denen Ihre Bekannten und Freunde noch ihr verfallendes Häuschen abbezahlen, mit Sicherheit deutlich bessere Renditen erzielen. Natürlich sollten Sie sich nie allzu sicher sein, was Prognosen für die Zukunft anbelangt, doch mit einem langen Anlagehorizont von 20 Jahren, also der Zeit, in der Ihre Kinder noch bei den Eltern zu Hause wohnen werden, sollten Sie eher in Fonds und Aktien investieren als in selbstbewohnte Immobilien.

Vielleicht das erschreckendste Argument gegen Immobilien stellt die durchschnittliche Wertsteigerung von Immobilien in Deutschland seit 1970 dar. Bis 2009 stieg der Wert des deutschen Michels kleinen Häuschens um sage und schreibe null Prozent. Null! Rechnet man dann noch die Kredit- und andere Nebenkosten hinzu, erzielte der deutsche Eigenheimbesitzer eine Eigenkapitalrendite von im Schnitt minus 3,2 Prozent.

Kann man mit neuen Autos viel Geld in kurzer Zeit verbrennen, lässt sich mit dem auf Pump gekauften Eigenheim extrem viel Geld in einem etwas längeren Zeitraum vernichten.

Aber das selbst bewohnte Häuschen will ich natürlich nicht zur Gänze verteufeln. Es kommt immer auf den Einzelfall an. Können Sie mindestens 50 Prozent des Kaufpreises aus Eigenmitteln aufwenden? Sind Sie jünger als 30 Jahre? Sind Sie ansonsten schuldenfrei? Falls Sie alle drei Fragen mit einem klaren »Ja« beantworten können, dann kann es durchaus sinnvoll sein, einen Kreditvertrag zu unterschreiben und ein Haus zu kaufen.

Aber in jedem Falle ist es sehr schwer, eine auf Pump finanzierte und selbst bewohnte Immobilie im Laufe des eigenen Lebens noch in eine echte Investition zu verwandeln. Dazu gehören viel Schweiß und viel Glück. Eine effektive und vor allem effiziente Geldanlagestrategie für Ihre Kinder, Patenkinder oder Enkelkinder sieht gänzlich anders aus.

10

Die vier Stufen zur sicheren Geldanlage für Ihre Kinder

In diesem kurzen Kapitel möchte ich Ihnen den effizienten Vermögensaufbau für Ihr Kind kurz und präzise auf den Punkt bringen. Es erwartet Sie eine auf das Wesentliche eingedampfte Schritt-für-Schritt-Anleitung.

1. Eröffnen Sie ein Depot für das Kind
Für den Vermögensaufbau des Kindes nutzen Sie am besten ein entsprechendes separates Depot, das Sie beziehungsweise die Erziehungsberechtigten so lange für das jeweilige Kind verwalten, bis es volljährig ist. Nutzen Sie den Freistellungsauftrag und die Nichtveranlagungsbescheinigung. Füllen Sie, falls nötig, jedes Jahr die Anlage KAP der Steuererklärung aus, um später keine bösen Überraschungen erleben zu müssen.

2. Legen Sie einen ETF-Sparplan an
Nutzen Sie die Internetseite **www.justetf.com**, um einen thesaurierenden, steuereinfachen ETF zu finden, den Sie bei der Depotbank Ihrer Wahl als Aktions-ETF kostenfrei besparen können. Legen Sie einen entsprechenden Sparplan an.

3. Kaufen Sie regelmäßig Edelmetalle
Legen Sie jeden Monat so viel Bargeld zur Seite, dass Sie nach 20 Monaten eine Tube Silbermünzen für das Kind kaufen können. Besuchen Sie dazu die Filiale eines großen Edelmetallhändlers. Zahlen Sie in bar. Legen Sie die Münztube in Ihren heimischen Tresor oder in ein Bankschließfach. Nach 20 Jahren werden Sie damit einen Silberschatz im Wert von 3.300 Euro aufgebaut haben, dessen Kaufkraft Sie eins zu eins an das Kind weitergeben können – ganz gleich, wie Ihr ETF bis dato abgeschnitten hat oder ob der Euro dann noch existiert.

4. Lehnen Sie sich entspannt zurück
In meiner Strategie geht es im Kern um das Kaufen und lange Halten von Exchange Traded Funds. Mag diese Strategie des Aussitzens in vielen Bereichen des Lebens die falsche sein, so ist sie doch dann richtig, wenn es um den Vermögensaufbau fürs Kind geht. Mit dieser Strategie werden Sie eine höhere Rendite als 90 Prozent aller professionellen Anleger erzielen. Zum einen haben Sie die Kosten und Steuern Ihrer Geldanlage auf ein absolutes Minimum gesenkt. Zum anderen hat Ihr Nachwuchs viele Jahre Zeit, bevor es die Früchte Ihres Investments ernten muss. Der Faktor Zeit ist auf Ihrer Seite und wird in Kombination mit niedrigen Gebühren und dem Zinseszinseffekt der wichtigste Grund Ihres Erfolges als Anleger sein.

Wir verfolgen hier im Kern eine Philosophie des Nichtstuns. Obwohl Sie kaum etwas unternehmen werden hinsichtlich Ihrer Geldanlage, werden Sie später sehr wahrscheinlich im vordersten Fünftel aller Anleger landen. Was wollen Sie mehr?

Bleiben Sie sich und Ihrer Strategie treu. Bleiben Sie cool, wenn alle anderen bei Kursabstürzen panikartig verkaufen. Machen Sie das Hin und Her einfach nicht mit.

Geldsystem hin oder her: Bleiben Sie optimistisch. Immer wird es Probleme geben. Aber der Kapitalismus und vor allem die Menschen, die ihn nutzen, um Großes zu schaffen, haben dafür gesorgt, dass unser Leben großartig ist. Und Sie werden in Zukunft dafür sorgen, dass es noch großartiger wird.

Haben Sie alle Schritte berücksichtigt?

Dann lehnen Sie sich ab sofort zurück und genießen Sie Ihr Leben. Ihr Geld arbeitet für Sie. Nutzen Sie die Zeit und verbringen Sie sie mit Ihren Kindern. Denn es gibt wichtigeres als Geld.

11

Das finanzielle Vermächtnis ist nicht alles – Was Ihr Kind über Geld und Erfolg wissen sollte

Zum Abschluss dieses Buches möchte ich Ihnen eine Handvoll Gedanken zum Thema Geld näherbringen. In meinen Augen sollten Sie diese mit Ihren Kindern frühzeitig und regelmäßig zur Sprache bringen und darüber diskutieren. Denn bei allem löblichen Engagement stellt die finanzielle, die materielle Vorsorge für den Nachwuchs keineswegs die bedeutendste Zukunftsmaßnahme dar.

Ihr Nachwuchs wird wenig davon haben, wenn Sie ihm in ein paar Jahren nur ein pralles Depot und dazu eine schwere Kiste voller Silbermünzen überlassen. Geld ist schnell für Nutzloses verbraucht. Depots sind schnell aufgelöst, Fondsanteile und Aktien rasch verhökert. Und auch der Verkauf von Münzen beim Edelmetallhändler ist schnell erledigt, wenn es einen in den Fingern juckt. Gerade die Lebensphase des jugendlichen Aufbruchs, des Sturm und Drangs, die Zeit, in der Kinder das Elternhaus verlassen und die ersten wirklich autonomen Schritte auf dem eigenen Lebensweg gehen, ist ein Abschnitt voller Verführungen, Verlockungen und Erlebnisse, ein Abschnitt voller Chancen und Risiken zugleich.

Ist der Nachwuchs auf diese zahlreichen Weggabelungen geistig nicht vorbereitet, wird ihm auch das mit den besten Renditen prall gefüllte Depot kaum etwas nützen. Womöglich wird es ihm sogar eher schaden.

Neben der finanziellen Vorsorge stellt daher die geistige Vorbereitung, die finanzielle Bildung Ihres Kindes Ihre zweite wichtige, die sogar noch sehr viel bedeutsamere Aufgabe dar. Sie sind dazu angehalten, Ihrem Kind das Einmaleins des Geldes sowie die allgemeine Funktionsweise der Märkte näherzubringen. Im Folgenden werde ich Ihnen die wichtigsten Punkte erläutern.

Offener Umgang

Zuallererst gilt es, zu Hause einen offenen Umgang mit dem Thema Geld zu pflegen.

Die Muster, die wir in uns verankert haben, basieren auf einer sehr frühen Prägung. Unser Verstand ist wie ein Rechner, auf dem schon in Kindheit und Jugend die wichtigsten Programme installiert werden. Durch Aussagen, die wir von unseren Eltern immer wieder über Geld hören, werden Vorstellungen fest in unserem Verstand abgespeichert, die später darüber bestimmen, wie wir über Geld denken. Wer also schon als Kind gelernt hat, dass »mit Geld alles geht«, wird sich viel leichter tun, Geld anzuhäufen, da die Motivation, durch Reichtum unabhängig und frei zu sein, mit Geld auch befriedigt werden kann. Was uns unsere Eltern über Geld vermitteln, prägt unsere Denkmuster. Das bedeutet, wir reproduzieren unbewusst die Einkommensstrategien unserer Eltern.

Die Erfahrungen, die man als junger Mensch gemacht hat, sind essenziell für die ersten eigenen Schritte im Umgang mit Geld, weil der Nachwuchs das Verhalten der Eltern genau studiert und im Unterbewusstsein abspeichert. Wenn man als junger Erwachsener selbst ans Geldverdienen kommt, kupfert man die Einkommensmuster der Eltern ab, ohne sich dessen bewusst zu sein.

Es ist durchaus interessant, einmal einen Überblick über die eigene Programmierung zu erarbeiten. Schreiben Sie also einmal auf, wie Ihre eigenen Eltern Geldfragen behandelt haben, welche Sprüche der Eltern sich im Denken festgebrannt und das Verhalten bestimmt haben. Hat zum Beispiel ein stetiges »Das können wir uns nicht leisten« dazu geführt, dass Sie selbst denken, sich nie etwas leisten zu können?

Solche Muster müssen durchbrochen werden. Motivierende Leitsätze und daraus entstehende Verhaltensweisen sind zu erarbeiten. Denn finanzieller Erfolg basiert ganz wesentlich auf der Kontrolle über das eigene (finanzielle) Leben.

Offen über Geld zu sprechen, über Einkommen, Ausgaben, über Chancen und Risiken fördert die Eigenverantwortung des Kindes. Ihr Kind sollte verinnerlichen, dass es selbst am Steuer seines Lebens sitzt. Und Geld ist hier ein sehr mächtiges Werkzeug.

Finanzielles zu verheimlichen bedeutet hingegen, dieses Hilfsmittel zu ignorieren. Geld aber hat eine große Bedeutung im Leben und wird sie auch immer haben. Dies zu ignorieren und zu verschweigen bedeutet Ignoranz. Und diese Ignoranz zwingt den Ignoranten langfristig immer in eine Opferrolle, aus der heraus er zwar jammert und über die Ungerechtigkeiten dieser Welt schimpft, sich aber nicht befreit.

Lehren Sie Ihrem Kind also, die Verantwortung für das eigene finanzielle Auskommen in die eigenen Hände zu nehmen, das Werkzeug Geld zu ergreifen und zu nutzen.

Manche Eltern glauben wiederum, es sei nicht statthaft, über Geld zu sprechen. Erst recht nicht mit Kindern. Dies gehöre sich einfach nicht. Sie schieben Geldfragen dann immer wieder vor sich her und von sich weg. »Das geht dich nichts an« ist ein Satz, den die Kinder dieser Eltern immer wieder hören müssen. Doch das Behüten in diesem Sinne schadet den Kindern eher, als dass es ihnen hilft.

Finanzielle Themen gegenüber Kindern zu verschweigen macht diese blind und ohnmächtig. Hat Hänschen den Umgang mit Geld in der Theorie nicht gelernt, wird Hans sein Geld zügig auf den Kopf hauen und die ganze Lektion anhand der beinharten Praxis lernen müssen. Sorgen Sie also bitte dafür, dass Ihr Kind von Geld hören wird, bevor es Knappheit spüren muss.

Sparen

Doch auch die schönsten Möglichkeiten verpuffen ungenutzt, wenn sie nicht auf die richtige Art und Weise angegangen werden. Um große Sprünge machen zu können, bedarf es eines langen Anlaufs.

Und wagt man diesen Sprung mit Geld in der Hand, muss dieses zunächst angespart werden.

Konsum aber frisst Kapital und damit Chancen. Auch Ihr Kind sollte also frühzeitig den Unterschied zwischen Investitionen und Konsum erlernen und ein Gefühl für das richtige Maß entwickeln. Geiz ist dabei ein ebenso schlechter Berater wie die Gier. Ursprünglich bedeutet der Begriff »Sparen« erst einmal nur »verschonen« oder »bewahren«. Wenn wir sparen, konservieren wir also unsere Kaufkraft. Wir horten unsere Kaufkraft, lassen sie allmählich wachsen, um sie später in etwas wirklich Großes investieren zu können.

Ihr Ziel muss es sein, Ihren Kindern das Haushalten mit Geld näherzubringen. Das Haushalten ist eine Tugend, ganz unabhängig von aktuellen Einkommens- und Vermögensverhältnissen. Mit vier recht simplen Dingen können Sie Ihren Nachwuchs hier auf den richtigen Weg lenken. In jungen Jahren sollten Sie ihm strenge Konsumgrenzen auferlegen – ganz praktisch zum Beispiel mittels Taschengeld und Prepaidkarten. Diese Grenzen sollten Sie mit zunehmendem Alter des Nachwuchses immer weiter lockern, sodass er sich an die wachsende Eigenverantwortung allmählich gewöhnen kann. Sie können Familienrituale einführen, durch die der Konsum ein gemeinsames schönes und vor allem besonderes Erlebnis wird. Konsum sollte nicht den Alltag bestimmen, sondern schöne Höhepunkte des gemeinsamen Lebens formen. Sie sollten Ihrem Kind auch nützliche Hilfsmittel an die Hand geben. Auch eine, vielleicht abgespeckte, Kopie eines für mich selbst erstellten Haushaltsplans sollten Sie zumindest regelmäßig thematisieren. Sie finden diesen Plan hier:

http://bit.ly/geldkind-haushalt

Und vor allem sollten Sie Ihrem Kind ein leuchtendes Beispiel sein. Sie, vor allem als Eltern, sind große Leuchtfeuer für Ihr Kind, die ihm den Weg weisen. Sie sind so etwas wie Götter in ihren Augen. Und Kinder sind nun mal hochmütig – im besten Sinne – und wollen wie Götter sein.

Investieren

Eine wichtige Lehre, die es zu verinnerlichen gilt, besteht darin, die Investition dem Konsum vorzuziehen. Konsum verzehrt Kapital, während eine gelungene Investition Kapital vermehrt.

Ist Ihr Kind alt genug, diese Lektion kognitiv nachzuvollziehen, können Sie mit ihm, vor allem dann, wenn Sie ein Minderjährigen-Depot eingerichtet haben, ganz wunderbar über die einzelnen Wertpapiere und ihre Zukunftsaussichten diskutieren. Auf diese Weise können und sollten Sie Ihren Nachwuchs behutsam an das Thema Fonds und Aktien heranführen und nach und nach auch andere Anlageklassen thematisieren.

Natürlich sollten Sie in solchen Gesprächen immer wieder auch nette und lehrreiche Bonmots fallen lassen, wie zum Beispiel:

»Gute Investoren lassen sich nicht vom Auf und Ab der Kurse beirren, sondern treffen ihre Entscheidungen aufgrund von soliden Hintergrundinformationen. Sie kaufen Aktien, deren tatsächlicher Wert höher ist als ihr Preis, und verkaufen sie wieder, wenn sie überbewertet sind.«

Oder:

»Der Markt ist eine sehr emotionale Angelegenheit. Lass dich von keiner Panik oder Euphorie anstecken – denn genau so machst du die größten Verluste. Vertraue lieber auf deine Hintergrundinformationen und verkaufe Aktien nur, wenn sie überbewertet sind.«

Ihr Kind wird Sie belächeln, Ihre Weisheiten aber gleichzeitig aufsaugen wie ein Schwamm.

Bildung

Der trockene Schwamm, den Ihr Kind im Kopf mit sich herumträgt, muss natürlich genutzt werden. Nie lernt ein jeder Mensch so viel wie in seinen ersten 20 Lebensjahren. Und im Kapitalismus, der die Lebensverhältnisse international permanent angleicht, stellt die Bildung den wichtigsten individuellen Erfolgsfaktor dar.

Die Schulbildung und die Universitätslehre sind dabei bei Weitem nicht alles. Daneben bestehen zahlreiche privatwirtschaftliche Angebote, die vor allem im späteren Erwachsenenalter den Unterschied ausmachen können. Bücher, Seminare, Sprachkurse oder auch Rhetorik- und Führungstrainings wie die Angebote der Toastmasters sind allesamt wertvolle Möglichkeiten, die eigenen Fähigkeiten stetig weiterzuentwickeln.

Und genau dies hat große Bedeutung, denn mit den Fähigkeiten wachsen auch berufliche Möglichkeiten und Chancen, die regelmäßigen Einnahmen zu erhöhen. Mit den Einnahmen wächst, wenn der Haushaltsplan sorgsam angewandt wird, auch das zur Verfügung stehende Kapital. Höhere Investitionen werden möglich und damit steigen wiederum die passiven Einnahmen, das heißt die Zuflüsse über Zinsen, Mieten und ähnliche Erträge.

Stete Bildung als entscheidender Faktor für Erfolg und Geld, als Basis für materielle Sicherheit und individuelle Prosperität. Dies ist eine sehr wichtige Lehre, die Sie Ihrem Kind nicht nur in der Theorie beibringen sollten, sondern vor allem auch in der Praxis vorleben müssen.

Erleben Sie es selbst, wie toll es ist, seines eigenen Glückes Schmied zu sein. Leben Sie vor, wie man der Regisseur des eigenen Blockbusters wird. Hören Sie auf, sich zu beklagen, und wagen Sie jeden Sprung. Werden Sie Feuer. Werden Sie Flamme.

Dann werden Sie auch Ihr Kind begeistern und einen ganz wichtigen Grundstein für den Wohlstand der nächsten Generation, Ihrer eigenen Nachfahren, legen.

12

Resümee

In diesem Buch habe ich Ihnen verdeutlicht, dass es alles andere als schwer ist, seinem Nachwuchs ein ordentliches finanzielles Polster zu erwirtschaften.

Vieles hängt von Ihrer persönlichen Einstellung ab. Ihre Anleger-Philosophie ist langfristig entscheidend: Weg vom Konsum, hin zur Investition! Hin zu geregelten Finanzen und einem optimierten Cashflow!

Die Werkzeuge zur Geldanlage stehen nicht mehr nur wohlhabenden Menschen zur Verfügung. Sie liegen förmlich auf der Straße und warten auf Sie. Bereits mit geringen finanziellen Mitteln können Sie viel erreichen. Der Zinseszinseffekt und der Anlagehorizont sind die entscheidenden Erfolgsfaktoren. Hören Sie nicht auf die vermeintlichen Experten! Lassen Sie den Markt für sich arbeiten, setzen Sie auf günstige ETFs und einfache Sparpläne!

Aber haben Sie auch einen Plan B in der Tasche. Konservieren Sie einen Teil der heutigen Kaufkraft Ihres Vermögens für die

Zukunft Ihrer Kinder. Verfolgen Sie einen eigenen kleinen physischen Edelmetall-Sparplan!

Und bereiten Sie Ihre Kinder auch mental auf die Zukunft vor. Sie bietet jedem großartige Chancen. Lassen Sie sich nicht von der Politik einlullen und arbeiten Sie stetig an Ihrem Erfolg und dem Ihres Nachwuchses. Die richtigen Einstellungen im Gedächtnis Ihrer Kinder werden dafür sorgen, dass Ihre Dynastie auch langfristig beste Chancen auf Wohlstand und Wachstum haben wird.

Zum Abschluss bin ich auf Ihre Erfahrungen gespannt. Lassen Sie uns doch Kontakt aufnehmen und miteinander diskutieren. Sie erreichen mich per E-Mail an henning.lindhoff@gmail.com und auf den bekannten sozialen Plattformen wie Google+, Xing und LinkedIn.

Ich wünsche Ihnen und Ihrer Familie alles erdenklich Gute!

Rheinland, im Februar 2016

Henning Lindhoff

Über den Autor

Henning Lindhoff, Jahrgang 1982, ehemals Sozialarbeiter, genießt mit seiner Ehefrau und den beiden gemeinsamen Söhnen das Landleben am Rhein.

Er ist stellvertretender Chefredakteur des Monatsmagazins »eigentümlich frei«, Autor zahlreicher Sachbücher und schreibt regelmäßig im »Sachwert Magazin«, in der Wochenzeitung »Junge Freiheit« und in der »Fuldaer Zeitung«. Seine Gastbeiträge und Kolumnen wurden bislang auch auf dem familienpolitischen Blog der Unternehmensberatung A.T. Kearney, im »Smart Investor«, auf dem Blog »What's left« der »Frankfurter Allgemeinen Zeitung« und in der »Eishockey News« publiziert. Über die aktuelle Rechtsprechung zu Immobilien und Hausverwaltung informiert Henning Lindhoff wöchentlich auf dem Wohnungseigentümer-Portal my-etw.de und auf p2p-investment.de über das Thema Geldanlage in P2P-Kredite.

Stichwortverzeichnis

D

E

F

G

H

S

T

U

V

W

Z

Zombies, Hacker und legale Drogen

Henning Lindhoff

Was am besten tun während einer Zombie-Apokalypse? Gehören Hacker eigentlich zu den Guten oder zu den Bösen? Und was sagen Wolkenkratzer über die Wirtschaftslage aus?

Henning Lindhoff versammelt in »Zombies, Hacker und legale Drogen« mehr als zwei Dutzend kurzweilige Denkanstöße zu Freiheit, Markt und der Schaffenskraft des Einzelnen. Heutzutage wird der freie Markt verschrien, diffus wird über »Ausbeutung« und »Kapitalismus« geschimpft, über die böse »Gier« und den zerstörerischen »Neoliberalismus«.

Warum aber der freie Markt und die Freiheit des Einzelnen das unumstößliche Fundament einer jeden Gesellschaft bilden sollten, deckt Lindhoff anhand amüsant formulierter ökonomischer Zusammenhänge auf.

240 Seiten I Broschur I 17,99 € (D) I ISBN 978-3-89879-892-1

Die Zinsfalle

Eckhard Sauren

Deutschland steckt in der Zinsfalle. Für Anleger erweist sich die Suche nach lohnenden Erträgen auf ihr Erspartes zunehmend als Herausforderung. Die Renditen deutscher Staatsanleihen liegen auf historischen Tiefständen – real verlieren viele Anleger schon jetzt Geld. Was den meisten noch nicht bewusst ist: Der anhaltende Niedrigzins wird zur Bedrohung für die Altersvorsorge. Werden Lebensversicherungen ihre Garantien erfüllen können? Sind Tages- und Festgeld wirklich dauerhaft sicher?

Eckhard Sauren analysiert die Auswirkungen der Zinsfalle und zeigt auf, welche Anlageformen besonders betroffen sind. Ergänzend geben mit Bert Flossbach, Peter E. Huber und Klaus Kaldemorgen drei der namhaftesten Fondsmanager Deutschlands in Interviews Orientierung für mögliche Wege aus der Zinsfalle.

256 Seiten I Hardcover I 19,99€ (D) I ISBN 978-3-89879-898-3

Warum Erben gerecht ist

Gerd Maas

Noch nie wurde in Deutschland so viel Vermögen vererbt. Ist es gerecht, dass manche, ohne zu arbeiten, viel Geld kriegen und dafür kaum Steuern zahlen? In den Medien scheint die Frage längst beantwortet: »Boomende Börse, große Erbschaften – Werden nur die Reichen immer reicher?« (Anne Will), »Nachlasswelle in Deutschland – Ist erben ungerecht?« (taz) und »Erben ist ungerecht« (SZ).

Doch kann es sein, dass die Bürger das ganz anders sehen? Als eine Kränkung, wenn ihre Leistung, ihr Schaffen und ihr Verdienst, ja ihr ganzes Leben für ungerecht erklärt werden? Gerd Maas zeigt, dass unter dem Totschlagargument »Soziale Gerechtigkeit« und der ewig mahnend klaffenden Schere zwischen Arm und Reich genau diejenigen abgewertet werden, die Wohlstand für die Gesellschaft geschaffen und dafür gesorgt haben, dass ihre Erben der Gesellschaft nicht auf der Tasche liegen.

240 Seiten | Hardcover | 19,99 € (D) | ISBN 978-3-89879-942-3